文成天縱

清代檔案目録四種

QINGDAI DANG'AN MULU SI ZHONG

《清代檔案目録四種》編寫組　編

上册

廣西師范大學出版社
GUANGXI NORMAL UNIVERSITY PRESS
·桂林·

出版統籌：湯文輝
出 品 人：喬祥飛
責任編輯：張　濤
助理編輯：曹世超
責任技編：王增元
書籍設計：常晋一

圖書在版編目（CIP）數據

清代檔案目録四種 ： 繁體 ： 上、下册 / 《清代檔案目録四種》編寫組編. -- 影印本. -- 桂林 ： 廣西師範大學出版社，2023.7（2024.11 重印）
ISBN 978-7-5598-6142-9

Ⅰ. ①清… Ⅱ. ①清… Ⅲ. ①檔案資料－專題目録－中國－清代 Ⅳ. ①D691

中國國家版本館 CIP 數據核字（2023）第 110984 號

廣西師範大學出版社出版發行
（廣西桂林市五里店路 9 號　郵政編碼：541004
網址：http://www.bbtpress.com）
出版人：黄軒莊
全國新華書店經銷
三河弘翰印務有限公司印刷
（河北省三河市黄土莊鎮二百户村北　郵政編碼：065200）
開本：787 mm × 1 092 mm　1/16
印張：64.75　　　字數：1 036 千
2023 年 7 月第 1 版　　2024 年 11 月第 2 次印刷
定價：2000.00 元（上、下册）

出版説明

檔案是研究歷史不可替代的文獻資料，但整理難度大，易散失，『考歷代官私書目、史料傳者，大抵編敕成書，方能流布。其以散帙傳者，未之前聞』（參見本書《清軍機處檔案目録》附録二《故宮博物院致國務院函》）。因此，對檔案進行整理編目是保存、研究檔案的基礎。

本書收録四種清代中央機構專題類檔案目録，即《清軍機處檔案目録》《清内務府造辦處輿圖房圖目初編》《總理各國事務衙門清檔目録》《光緒三十四年分権算司全年檔案》。前兩種民國時期由故宮博物院文獻館整理刊布，編排在前，按出版時間排序；後兩種爲原始清檔目録，編排在後，按檔案形成時間排序。

軍機處檔案，是軍機處抄録内外章奏及上諭等的存稿。皇帝閲覽内外奏章後，交軍機處抄録，將原件發還，所抄副本由方略館存檔。《故宮博物院致國務院函》中曾提及該批檔案的重要性，『自雍正以來二百年間軍事機密，胥具於是』。民國十五年（一九二六）初，故宮博物院接收此項檔案，具體由文獻部（後改稱文獻館）負責，按各朝年月逐件整理。據統計，自雍正元年（一七二三）至宣統三年（一九一一），所有檔册、摺包共四十九架，檔册七千九百六十九本，摺包三千五百三十五包，約八十餘萬件。文獻館將各檔名稱、件數按年編成簡目，即《清軍機處檔案目録》。

輿圖房是内務府造辦處下屬機構，職掌輿圖繪製、管理等事務，《清内務府造辦處輿圖房圖目初編》民國二十五年（一九三六）五月出版，收録部分輿圖房所藏輿圖，分爲都城、宮苑、風土、江海、河渠、武功、巡幸、名勝、瑞應、效貢、寺廟、山陵、風水十三類，又附録圖目一類於書末。

總理各國事務衙門，咸豐十年（一八六〇）冬設立，是清末辦理涉外事務的機構。總理衙門將本部所存檔案分門别類，製成許多專檔，稱爲『清檔』，以備查考。《總理各國事務衙門清檔目録》按内容分爲神機營存銀、出使外洋、籌議海防經費、籌辦各省荒政、保舉人才五類。光緒二十七年（一九〇一），辛丑條約簽訂後，總理衙門更名爲外務部，下設四司，榷算司爲其中之一，職掌商務、行船、華洋借款、財幣及考核檢查本部與使臣的經費開支等事項。本書收録光緒三十四年（一九〇八）榷算司全年檔案，名爲『全年檔案』，實係要目，原檔分春季、夏季、秋季、冬季四册，惜第四册冬季部分不存。

清代專題檔案作爲重要文獻資料，在助力清史研究、傳承優秀傳統文化等方面具有重要意義。本書所收目録對應檔案分别來自軍機處、内務府、總理衙門、外務部或其分支機構，主題鮮明，專業性强，利用價值高，今將其影印出版，意在方便研究者查閲，促進檔案有效利用。

廣西師範大學出版社北京文獻出版中心

二〇二三年六月

總目録

上册

下册

上册目録

清軍機處檔案目録

故宮博物院文獻館編

清軍機處檔案目錄

清軍機處檔案編年目錄說明

清軍機處檔案乃軍機處所抄錄清代內外章奏及上諭等之存稿也先是內外奏章均由內奏事處送呈皇帝閱覽覽畢交軍機處抄錄副本將原件發還所抄之件存方略館民國成立仍存原處迨民國三年國務院呈請大總統將此項檔案移置于國務院集靈囿（參閱附錄國務院呈文）民國十五年復由國務院將此項檔案與方略館及楊守敬觀海堂圖書撥歸故宮博物院整理（其往反函文具見附錄中）自是年一月二十六日起至三十日止由故宮博物院點收清楚移置于景山西大高殿內計圖書五十五架檔案大小七十五架圖書貯於前殿檔案則貯於後殿移置之後由故宮博物院文獻部整理此項檔案兩次搬運極爲凌亂乃先按其朝代年月逐件整理經十數月之工始得就緒計自雍正初年至宣統末年所有檔冊摺包共庋四十九架凡檔冊七千九百六十九本摺包三千五百三十五包約八十餘萬件茲將各檔名稱件數按年編成簡目至各檔內容現正摘由登錄一俟編成後當再公佈

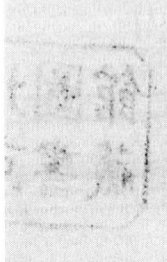

清軍機處檔冊總目

上諭檔	三二六四冊
議覆檔	一一八冊
寄信檔	九〇冊
交發檔	三九八冊
隨手登記檔	八八一冊
發報檔	三一冊
密記檔	五冊
金川檔	一二冊
廓爾喀檔	一七冊
勦捕逆回檔	二冊
勦捕逆番檔	三冊
軍營檔	三冊
平定準噶爾文移檔	五冊
邊備夷情檔	三冊
苗匪檔	一一冊
議奏檔	四冊
緬檔	六冊
軍機處文移檔	二冊
尋常檔	一一冊
東案檔	三冊
臺灣檔	一四冊
留館檔	一冊
伯克檔	三冊
奏摺號簿	二冊
幸天津檔	二冊
高扑玉案	一冊
安南檔	三冊
留京辦理番犯	一冊

留京辦事檔	四冊
進呈奏摺檔	一冊
石鋒堡廷寄	一冊
平定兩金川方略館文移檔	二一冊
報銷進書檔	三冊
掉飯檔	一三冊
皇太后萬壽檔	三冊
勦捕檔	七四七冊
勦捕摺片檔	七冊
林案供詞檔	三冊
衡工檔	二冊
上諭登記檔	一冊
方略館文移檔	九冊
廷寄摘抄檔	二冊
六旬萬壽慶典檔	二冊
勦捕教匪檔	一〇冊
勦辦南山教匪檔	二冊
平定教匪紀略總檔	一冊
大員子弟檔	六冊
川陝楚善後事宜檔	一七冊
收發實錄館月摺	一冊
五台園檔	一冊
謁陵諭旨	一冊
留京日記檔	一冊
交事檔	三冊
夾報報匣檔	六冊
來文檔	二冊
永遠存紀檔	一冊
印花簿	一冊
值班檔	一冊

方略館留京日記檔	三冊
交片檔	五九冊
勦捕隨手登記檔	一七冊
打對上諭檔	八冊
萬壽事宜檔	一冊
月摺檔	一冊
行文檔	四冊
新疆換班大臣檔	一冊
收文檔	二三冊
議叙履歷底册	五冊
保舉檔	五冊
早事檔	二三九冊
議叙等第檔	一冊
巡防事宜片行檔	一冊
方略館同人履歷册	一一冊
宗內藩檔	一冊
清檔房議叙履歷册	一冊
俄羅斯檔	一冊
與俄國公界互換記文檔	一冊
花翎勇號等項檔	四冊
木蘭檔	一冊
木蘭議覆檔	一冊
方略館隨手登記檔	一冊
換班大臣檔	一冊
換班收文檔	一六冊
硃筆檔	七冊
明發檔	一二冊
引見檔	一七四冊
新疆檔	一七冊
軍政卓異記名檔	一冊

硃批檔	五冊
勦平粵捻匪方略館文移檔	四冊
方略館照會檔	一冊
供事差使簿	一冊
各衙門議覆檔	二冊
記名總兵檔	五冊
稽查交議事件檔	一冊
御用圖記檔	一冊
記名新檔	二冊
御印檔	三冊
供事履歷冊	一冊
另行存記檔	一冊
方略館大庫攷勤簿	一冊
方略館行文檔	一四冊
方略館議叙底冊	五冊
方略館同人到館攷勤簿	一冊
大臣換班檔	一冊
應放副都統人員檔	二四冊
吏部記名新檔	一冊
軍政卓異收文簿	一冊
方略館收文簿	一冊
清檔房文移檔	一冊
洋務檔	一八四冊
奏單片檔	一〇七冊
電寄檔	三四五冊
各省致軍機處電文	七冊
收發電檔	四五一冊
教案收電檔	一冊
教案發電檔	一冊
商約發電檔	五冊

未遞電信	八冊
呈遞電信	一七冊
電報檔	二四二冊
東事發電檔	二八冊
發電檔	三五冊
東事收電檔	二四冊
收電檔	九二冊
商約收電檔	一〇冊
內收文簿	三〇冊
勦平回苗匪方略館文移檔	六冊
收文簿	一九冊
秋審擬旨檔	二冊
會議檔	三冊
小本早事檔	四五冊
知會檔	五冊
皇太后六旬萬壽慶典檔	二冊
換班檔	一二冊
交班檔	一三冊
俸冊檔	二冊
軍務檔	二冊
各衙門文書簿	一四冊
隨手登銷檔	二冊
併發報檔	一六冊
摺單	一二冊
漢檔議敘底冊	九冊
奉安奉移成案	一冊
堂交硃批簿	一冊
管理各營處大臣官銜簿	一冊
大臣養廉簿	一冊
御前行走侍衛簿	一冊

雍正朝檔冊目錄

字號	類別	年月	件數
清字一號	上諭檔	元年（正月至三月）	二本
二號	上諭檔	十三年（十一月十二月）	一本
三號	議覆檔	十一年（正月至十二月）	三本
四號	議覆檔	十二年（四月至九月）	二本
缺正月至三月十月至十二月			
五號	議覆檔	十三年（八月至十月）	二本
缺正月至七月十一月至十二月			

以上五號共計十本

乾隆朝檔冊目錄

字號	類別	年月	件數
軍字一號	上諭檔	元年（正月至十二月）	三本
二號	上諭檔	二年（正月至十二月）	四本
三號	上諭檔	三年（正月至十二月）	四本
四號	上諭檔	四年（正月至十二月）	六本
五號	上諭檔	五年（正月至十二月）	六本
六號	上諭檔	六年（正月至十二月）	四本
七號	上諭檔	七年（正月至十二月）	一本
八號	上諭檔	八年（正月至十二月）	三本
九號	上諭檔	九年（正月至十二月）	一本
十號	上諭檔	十年（正月至十二月）	一本
十一號	上諭檔	十一年（正月至十二月）	四本
十二號	上諭檔	十二年（正月至十二月）	四本
十三號	上諭檔	十三年（閏七月至十二月）	二本
缺 正月至七月			
十四號	上諭檔	十四年（正月至十二月）	五本
十五號	上諭檔	十五年（正月至十二月）	五本
十六號	上諭檔	十六年（正月至十二月）	三本
十七號	上諭檔	十七年（正月至十二月）	三本
十八號	上諭檔	十八年（正月至十二月）	四本
十九號	上諭檔	十九年（正月至十二月）	二本
二十號	上諭檔	二十年（正月至十二月）	五本

軍字二十一號	上諭檔	二十一年（正月至十二月）	七本
二十二號	上諭檔	二十二年（正月至十二月）	三本
二十三號	上諭檔	二十三年（正月至十二月）	五本
二十四號	上諭檔	二十四年（正月至十二月）	四本
二十五號	上諭檔	二十五年（正月至十二月）	五本
二十六號	上諭檔	二十六年（正月至十二月）	八本
二十七號	上諭檔	二十七年（正月至十二月）	九本
二十八號	上諭檔	二十八年（正月至十二月）	八本
二十九號	上諭檔	二十九年（正月至十二月）	八本
三十號	上諭檔	三十年（正月至十二月）	九本
三十一號	上諭檔	三十一年（正月至十二月）	六本
三十二號	上諭檔	三十二年（正月至十二月）	九本
三十三號	上諭檔	三十三年（正月至十二月）	十四本
三十四號	上諭檔	三十四年（正月至三月）	三本
缺 四月至十二月			
三十五號	上諭檔	三十五年（正月至十二月）	十四本
三十六號	上諭檔	三十六年（正月至十二月）	十本
三十七號	上諭檔	三十七年（正月至十二月）	八本
三十八號	上諭檔	三十八年（正月至十二月）	八本
三十九號	上諭檔	三十九年（正月至十二月）	八本
四十號	上諭檔	四十年（正月至十二月）	六本
四十一號	上諭檔	四十一年（正月至十二月）	七本
四十二號	上諭檔	四十二年（正月至十二月）	六本
四十三號	上諭檔	四十三年（正月至十二月）	十四本

四十四號	上諭檔	四十四年（正月至十二月）	十二本
四十五號	上諭檔	四十五年（正月至十二月）	十二本
四十六號	上諭檔	四十六年（正月至十二月）	十三本
四十七號	上諭檔	四十七年（正月至十二月）	十三本
四十八號	上諭檔	四十八年（正月至十二月）	十二本
四十九號	上諭檔	四十九年（正月至十二月）	十二本
五十號	上諭檔	五十年（正月至十二月）	十三本
五十一號	上諭檔	五十一年（正月至十二月）	十三本
五十二號	上諭檔	五十二年（正月至十二月）	十四本
五十三號	上諭檔	五十三年（正月至十二月）	十九本
五十四號	上諭檔	五十四年（正月至十二月）	十九本
五十五號	上諭檔	五十五年（二月至十二月）	八本
缺正月			
五十六號	上諭檔	五十六年（正月至十二月）	十七本
五十七號	上諭檔	五十七年（正月至十二月）	十六本
五十八號	上諭檔	五十八年（正月至十二月）	十七本
五十九號	上諭檔	五十九年（正月至十二月）	十九本
六十號	上諭檔	六十年（正月至十二月）	二十本
六十一號	議覆檔	元年（正月至十二月）	二本
六十二號	議覆檔	二年（正月至十二月）	二本
六十三號	議覆檔	三年（正月至十二月）	一本
六十四號	議覆檔	四年（正月至十二月）	一本
六十五號	議覆檔	六年（正月至十二月）	一本
六十六號	議覆檔	六年至十年	一本

軍字六十七號	議覆檔	七年（正月至十二月）	二本
六十八號	議覆檔	八年（正月至十二月）	一本
六十九號	議覆檔	九年（正月至十二月）	一本
七十號	議覆檔	十年（正月至十二月）	一本
七十一號	議覆檔	十一年（正月至十二月）	一本
七十二號	議覆檔	十二年（正月至十二月）	二本
七十三號	議覆檔	十三年（六月至十二月）	一本
七十四號	議覆檔	十五年（正月至七月）	一本
七十五號	議覆檔	十六年（正月至十二月）	五本
七十六號	議覆檔	十七年（正月至十二月）	四本
七十七號	議覆檔	十八年（正月至十二月）	二本
七十八號	議覆檔	十九年（正月至十二月）	一本
七十九號	議覆檔	二十年（正月至十二月）	二本
八十號	議覆檔	二十一年（正月至十二月）	一本
八十一號	議覆檔	二十三年（正月至十二月）	一本
八十二號	議覆檔	二十四年（正月至十二月）	一本
八十三號	議覆檔	二十五年（正月至十二月）	二本
八十四號	議覆檔	三十二年（六月至九月）	二本
八十五號	議覆檔	五十六年（正月至三月）	一本
八十六號	寄信檔	三年九月至七年十二月	一本
八十七號	寄信檔	八年至十年	一本
八十八號	寄信檔	十一年（正月至十二月）	二本
八十九號	寄信檔	十二年（正月至十二月）	二本
九十號	寄信檔	十三年（正月至十二月）	四本

九十一號	寄信檔	十四年（正月至十二月）	三本
九十二號	寄信檔	十五年（八月至十二月）	一本
九十三號	寄信檔	十五年八月至十六年六月	一本
九十四號	寄信檔	十六年（正月至閏五月）	一本
九十五號	寄信檔	十七年（正月至十二月）	四本
九十六號	寄信檔	十八年（正月至十二月）	四本
九十七號	寄信檔	十九年（正月至十二月）	二本
九十八號	寄信檔	二十年（正月至十二月）	三本
九十九號	寄信檔	二十一年（正月至十二月）	二本
一〇〇號	寄信檔	二十二年（正月至十二月）	二本
一〇一號	寄信檔	二十三年（正月至十二月）	二本
一〇二號	寄信檔	二十四年（正月至十二月）	二本
一〇三號	寄信檔	二十五年（四月至十二月）	一本
一〇四號	寄信檔	三十一年（四月至十二月）	二本
一〇五號	寄信檔	三十二年（正月至十二月）	二本
一〇六號	寄信檔	三十三年（正月至十二月）	一本
一〇七號	寄信檔	三十四年（四月至十二月）	九本
一〇八號	寄信檔	三十五年（閏五月至九月）	二本
一〇九號	寄信檔	三十七年（正月至九月）	二本
一一〇號	寄信檔	三十八年（正月至六月）	二本
一一一號	寄信檔	三十九年（四月至六月）	一本
一一二號	寄信檔	四十年（四月至九月）	三本
一一三號	寄信檔	四十一年（四月至六月）	二本
一一四號	寄信檔	四十二年（四月至十二月）	三本

軍字一一五號	寄信檔	六十年（六月至八月）	一本
一一六號	交發檔	二十五年（正月至十二月）	一本
一一七號	交發檔	二十七年（正月至十二月）	一本
一一八號	交發檔	二十八年（正月至十二月）	一本
一一九號	交發檔	二十九年（正月至十二月）	一本
一二〇號	交發檔	三十年（正月至十二月）	一本
一二一號	交發檔	三十一年（正月至十二月）	一本
一二二號	交發檔	三十二年（正月至十二月）	一本
一二三號	交發檔	三十三年（正月至十二月）	一本
一二四號	交發檔	三十四年（正月至十二月）	二本
一二五號	交發檔	三十五年（正月至十二月）	二本
一二六號	交發檔	三十六年（七月至十二月）	一本
一二七號	交發檔	三十七年（正月至十二月）	二本
一二八號	交發檔	三十八年（正月至十二月）	二本
一二九號	交發檔	三十九年（正月至十二月）	二本
一三〇號	交發檔	四十年（正月至十二月）	二本
一三一號	交發檔	四十一年（正月至十二月）	二本
一三二號	交發檔	四十二年（正月至十二月）	二本
一三三號	交發檔	四十三年（正月至十二月）	二本
一三四號	交發檔	四十四年（正月至十二月）	二本
一三五號	交發檔	四十五年（正月至十二月）	二本
一三六號	交發檔	四十六年（正月至十二月）	二本
一三七號	交發檔	四十七年（正月至十二月）	二本
一三八號	交發檔	四十八年（正月至十二月）	二本

一三九號	交發檔	四十九年（正月至十二月）	二本
一四〇號	交發檔	五十年（正月至十二月）	二本
一四一號	交發檔	五十一年（正月至十二月）	二本
一四二號	交發檔	五十二年（正月至十二月）	二本
一四三號	交發檔	五十三年（正月至十二月）	二本
一四四號	交發檔	五十四年（正月至十二月）	二本
一四五號	交發檔	五十五年（正月至十二月）	二本
一四六號	交發檔	五十六年（正月至十二月）	二本
一四七號	交發檔	五十七年（正月至十二月）	二本
一四八號	交發檔	五十八年（正月至十二月）	二本
一四九號	交發檔	五十九年（正月至十二月）	二本
一五〇號	交發檔	六十年（正月至十二月）	二本
一五一號	隨手登記檔	三十一年（正月至十二月）	二本
一五二號	隨手登記檔	三十二年（正月至十二月）	一本
一五三號	隨手登記檔	三十三年（正月至十二月）	一本
一五四號	隨手登記檔	三十四年（正月至十二月）	一本
一五五號	隨手登記檔	三十五年（正月至十二月）	二本
一五六號	隨手登記檔	三十六年（正月至十二月）	一本
一五七號	隨手登記檔	三十七年（正月至十二月）	二本
一五八號	隨手登記檔	三十八年（正月至十二月）	一本
一五九號	隨手登記檔	三十九年（正月至十二月）	二本
一六〇號	隨手登記檔	四十年（正月至十二月）	二本
一六一號	隨手登記檔	四十一年（正月至十二月）	二本
一六二號	隨手登記檔	四十二年（正月至十二月）	二本

軍字一六三號	隨手登記檔	四十三年（正月至二十月）	二本
一六四號	隨手登記檔	四十四年（正月至十二月）	二本
一六五號	隨手登記檔	四十五年（正月至十二月）	二本
一六六號	隨手登記檔	四十六年（正月至十二月）	二本
一六七號	隨手登記檔	四十七年（正月至十二月）	二本
一六八號	隨手登記檔	四十八年（正月至十二月）	二本
一六九號	隨手登記檔	四十九年（正月至十二月）	二本
一七〇號	隨手登記檔	五十年（正月至十二月）	二本
一七一號	隨手登記檔	五十一年（正月至十二月）	二本
一七二號	隨手登記檔	五十二年（正月至十二月）	二本
一七三號	隨手登記檔	五十三年（正月至十二月）	二本
一七四號	隨手登記檔	五十四年（正月至十二月）	二本
一七五號	隨手登記檔	五十五年（正月至十二月）	二本
一七六號	隨手登記檔	五十六年（正月至十二月）	二本
一七七號	隨手登記檔	五十七年（正月至十二月）	二本
一七八號	隨手登記檔	五十八年（正月至十二月）	二本
一七九號	隨手登記檔	五十九年（正月至十二月）	二本
一八〇號	隨手登記檔	六十年（正月至十二月）	二本
一八一號	發報檔	四十四年（正月至十二月）	一本
一八二號	發報檔	四十五年（正月至十二月）	一本
一八三號	發報檔	四十六年（正月至十二月）	一本
一八四號	發報檔	四十九年（正月至十二月）	一本
一八五號	發報檔	五十年（正月至十二月）	一本
一八六號	發報檔	五十一年（正月至十二月）	一本

一八七號	發報檔	五十四年（正月至十二月）	一本
一八八號	發報檔	五十五年（正月至十二月）	一本
一八九號	密記檔	六　年（閏二月至十二月）	一本
一九〇號	密記檔	五　十　年（四月至九月）	一本
一九一號	密記檔	五十三年五月至五十七年	一本
一九二號	密記檔	無年月	一本
一九三號	金川檔	三十六年（七月至十二月）	一本
一九四號	金川檔	三十七年（十月至十二月）	一本
一九五號	金川檔	三十八年（七月至十二月）	二本
一九六號	金川檔	三十九年（正月至十二月）	三本
一九七號	金川檔	四　十　年（正月至十二月）	三本
一九八號	金川檔	四十一年（正月至三月）	一本
一九九號	金川檔	五十七年（五月至六月）	一本
二〇〇號	廓爾喀檔	五十六年（九月至十二月）	三本
二〇一號	廓爾喀檔	五十七年（正月至十二月）	十三本
二〇二號	廓爾喀檔	五十八年（正月至三月）	一本
二〇三號	勦捕逆回檔	四十九年（四月至九月）	二本
二〇四號	勦滅逆番檔	四十六年（三月至七月）	三本
二〇五號	軍營檔	二　十　年（正月至十二月）	二本
二〇六號	軍營檔	二十一年正月至二十二年四月	一本
二〇七號	平定準噶爾文移檔	二十三年二月至二十四年十二月	一本
二〇八號	平定準噶爾文移檔	二十七年（正月至十二月）	一本
二〇九號	平定準噶爾文移檔	三　十　年（正月至十二月）	一本
二一〇號	平定準噶爾文移檔	三十八年（正月至十二月）	一本

軍字二一一號	平定準噶爾文移檔	二十八年（二月至十二月）	一本
二一二號	邊備夷情檔	元年正月至五年十二月	一本
二一三號	邊備夷情檔	十一年正月至十七年七月	一本
二一四號	邊備夷情檔	十八年三月至十九年五月	一本
二一五號	苗匪檔	六十年（二月至十二月）	六本
二一六號	議奏檔	五年（正月至十二月）	一本
二一七號	議奏檔	十六年（正月至十二月）	二本
二一八號	議奏檔	二十二年（正月至十二月）	一本
二一九號	緬檔	二十二年（正月至十二月）	二本
二二〇號	緬檔	二十三年（正月至十二月）	二本
二二一號	緬檔	三十四年（正月至三十五年）	二本
二二二號	軍機處文移檔	五十五年（正月至道光十八年）	一本
二二三號	軍機處文移檔	四十三年（五月至九月）	一本
二二四號	尋常檔	四十九年（十月）	一本
二二五號	尋常檔	五十一年（八月至九月）	一本
二二六號	尋常檔	五十五年（正月）	一本
二二七號	尋常檔	五十七年（四月至閏四月）	一本
二二八號	尋常檔	六十年（八月至九月）	一本
二二九號	東案檔	三十九年	二本
二三〇號	東案檔	三十九年十月至四十年	一本
二三一號	臺灣檔	五十一年十二月至五十二年	一本
二三二號	臺灣檔	五十二年（正月至十二月）	七本
二三三號	臺灣檔	五十三年（正月至六月）	三本
二三四號	臺灣檔	六十年（四月至七月）	三本

二三五號	留館檔	四十七年(十二月)	一本
二三六號	伯克檔	五十一年至五十七年	二本
二三七號	伯克檔	五十八年至六十年	一本
二三八號	奏摺號簿	十一年	一本
二三九號	奏摺號簿	十四年	一本
二四〇號	幸天津檔	五十三年至五十五年	二本
二四一號	高朴玉案	無年月	一本
二四二號	安南檔	五十七年至六十年	一本
二四三號	留京辦理番犯檔	四十一年(三月至四月)	一本
二四四號	留京辦事檔	四十九年(正月至三月)	一本
二四五號	留京辦事檔	五十年(三月)	一本
二四六號	進呈奏摺檔	四十五年(十二月)	一本
二四七號	石峯堡廷寄檔	四十九年(四月至九月)	一本
二四八號	平定兩金川方略館文移檔	十四年至十七年	一本
二四九號	平定兩金川方略館文移檔	四十年至四十一年	一本
二五〇號	平定兩金川方略館文移檔	四十一年(六月至九月)	一本
二五一號	平定兩金川方略館文移檔	四十三年(正月至閏六月)	一本
二五二號	平定兩金川方略館文移檔	四十三年至四十七年	一本
二五三號	平定兩金川方略館文移檔	四十四年(正月至十二月)	一本
二五四號	平定兩金川方略館文移檔	四十七年(正月至十二本)	二本
二五五號	平定兩金川方略館文移檔	四十八年(正月至十二月)	二本
二五六號	平定兩金川方略館文移檔	四十六年至四十八年	一本
二五七號	平定兩金川方略館文移檔	四十九年(正月至十二月)	一本
二五八號	平定兩金川方略館文移檔	五十年(二月至十二月)	一本

寒字二五九號	平定兩金川方略館文移檔	五十一年（正月至十二月）	一本
二六〇號	平定兩金川方略館文移檔	五十二年（二月至十二月）	一本
二六一號	平定兩金川方略館文移檔	五十三年（二月至十二月）	一本
二六二號	平定兩金川方略館文移檔	五十四年（二月至十二月）	一本
二六三號	平定兩金川方格館文移檔	五十五年（二月至十二月）	一本
二六四號	平定兩金川方略館文移檔	五十八年（二月至十二月）	一本
二六五號	平定兩金川方略館文移檔	五十九年（二月至十二月）	一本
二六六號	平定兩金川方略館文移檔	六十年二月至十二月	一本
二六七號	報銷進書檔	四十三年至四十四年	一本
二六八號	報銷進書檔	四十九年（正月至十二月）	一本
二六九號	報銷進書檔	四十六年（四月至閏五月）	一本
二七〇號	棹飯檔	二十六年（二月至十二月）	一本
二七一號	棹飯檔	四十四年（正月至十二月）	一本
二七二號	棹飯檔	四十六年（正月至十二月）	一本
二七三號	棹飯檔	五十二年（二月至十二月）	一本
二七四號	棹飯檔	五十四年（二月至十二月）	一本
二七五號	棹飯檔	五十六年（二月至十二月）	一本
二七六號	棹飯檔	五十七年（二月至十二月）	一本
二七七號	棹飯檔	又四十三年（正月至十二月）	一本
二七八號	棹飯檔	四十五年（正月至十二月）	一本
二七九號	棹飯檔	五十年（正月至十二月）	一本
二八〇號	棹飯檔	五十一年（正月至十二月）	一本
二八一號	棹飯檔	五十九年（二月至十二月）	一本
二八二號	棹飯檔	六十年（正月至十二月）	一本

二八三號	皇太后萬壽檔		一本

以上二百八十三號共計八百七十二本

二八四號	隨手登記檔	七年（正月至十二月）	一本
二八五號	隨手登記檔	十年（正月至十二月）	一本
二八六號	隨手登記檔	十三年（正月至十二月）	一本
二八七號	隨手登記檔	十四年（正月至十二月）	一本
二八八號	隨手登記檔	十五年（正月至十二月）	一本
二八九號	隨手登記檔	十六年（正月至十二月）	二本
二九〇號	隨手登記檔	二十年（正月至十二月）	一本
二九一號	隨手登記檔	二十一年（正月至十二月）	一本
二九二號	隨手登記檔	二十三年（正月至十二月）	一本
二九三號	隨手登記檔	二十四年（正月至十二月）	一本
二九四號	隨手登記檔	二十五年（正月至十二月）	二本
二九五號	隨手登記檔	二十六年（正月至十二月）	二本
二九六號	隨手登記檔	二十七年（正月至十二月）	二本
二九七號	隨手登記檔	二十八年（正月至十二月）	二本
二九八號	隨手登記檔	二十九年（正月至十二月）	二本
二九九號	隨手登記檔	三十年（正月至十二月）	二本

以上自二八四號至二九九號共十六號計二十三本係宮中所存檔案內覆發現者故補編

嘉慶朝檔冊目錄

機字一號	上諭檔	元年	（正月至十二月）	十六本
二號	上諭檔	二年	（正月至十二月）	十六本
三號	上諭檔	三年	（正月至十二月）	十二本
四號	上諭檔	四年	（正月至十二月）	二十一本
五號	上諭檔	五年	（正月至十二月）	二十本
六號	上諭檔	六年	（正月至十二月）	二十本
七號	上諭檔	七年	（正月至十二月）	十七本
八號	上諭檔	八年	（正月至十二月）	二十三本
九號	上諭檔	九年	（正月至十二月）	二十一本
一〇號	上諭檔	十年	（正月至十二月）	二十五本
一一號	上諭檔	十一年	（正月至十二月）	二十四本
一二號	上諭檔	十二年	（正月至十二月）	二十一本
一三號	上諭檔	十三年	（正月至十二月）	二十八本
一四號	上諭檔	十四年	（正月至十二月）	二十四本
一五號	上諭檔	十五年	（正月至十二月）	二十四本
一六號	上諭檔	十六年	（正月至十二月）	二十六本
一七號	上諭檔	十七年	（正月至十二月）	二十四本
一八號	上諭檔	十八年	（正月至十二月）	二十四本
一九號	上諭檔	十九年	（正月至十二月）	二十五本
二〇號	上諭檔	二十年	（正月至十二月）	二十五本
二一號	上諭檔	二十一年	（正月至十二月）	二十六本
二二號	上諭檔	二十二年	（正月至十二月）	二十四本

機字

二三號	上諭檔	二十三年（正月至十二月）	二十四本
二四號	上諭檔	二十四年（正月至十二月）	二十五本
二五號	上諭檔	二十五年（正月至十二月）	二十四本
二六號	勦捕檔	元年（正月至十二月）	九本
二七號	勦捕檔	二年（正月至十二月）	十八本
二八號	勦捕檔	三年（正月至十二月）	十五本
二九號	勦捕檔	四年（正月至十二月）	十四本
三〇號	勦捕檔	五年（正月至十二月）	二十三本
三一號	勦捕檔	六年（正月至十二月）	十五本
三二號	勦捕檔	七年（正月至十二月）	十二本
三三號	勦捕檔	十八年（九月至十二月）	八本
三四號	勦捕檔	二十五年九月至道光五年	二本
三五號	勦捕摺片檔	二年（正月至十二月）	一本
三六號	勦捕摺片檔	三年	一本
三七號	勦捕摺片檔	五年（正月至十二月）	一本
三八號	勦捕摺片檔	六年（正月至十二月）	一本
三九號	勦捕摺片檔	七年（正月至十二月）	一本
四〇號	勦捕摺片檔	十一年	一本
四一號	勦捕摺片檔	十二年（正月）	一本
四二號	隨手登記檔	元年（正月至十二月）	四本
四三號	隨手登記檔	二年（正月至十二月）	四本
四四號	隨手登記檔	三年（正月至十二月）	四本
四五號	隨手登記檔	四年（正月至十二月）	四本
四六號	隨手登記檔	五年（正月至十二月）	四本

四七號	隨手登記檔	六年（正月至十二月）	四本
四八號	隨手登記檔	七年（正月至十二月）	四本
四九號	隨手登記檔	八年（正月至十二月）	四本
五〇號	隨手登記檔	九年（正月至十二月）	四本
五一號	隨手登記檔	十年（正月至十二月）	四本
五二號	隨手登記檔	十一年（正月至十二月）	四本
五三號	隨手登記檔	十二年（正月至十二月）	四本
五四號	隨手登記檔	十三年（正月至十二月）	四本
五五號	隨手登記檔	十四年（正月至十二月）	四本
五六號	隨手登記檔	十五年（正月至十二月）	四本
五七號	隨手登記檔	十六年（正月至十二月）	四本
五八號	隨手登記檔	十七年（正月至十二月）	四本
五九號	隨手登記檔	十八年（正月至十二月）	四本
六〇號	隨手登記檔	十九年（正月至十二月）	四本
六一號	隨手登記檔	二十年（正月至十二月）	四本
六二號	隨手登記檔	二十一年（正月至十二月）	四本
六三號	隨手登記檔	二十二年（正月至十二月）	四本
六四號	隨手登記檔	二十三年（正月至十二月）	四本
六五號	隨手登記檔	二十四年（正月至十二月）	四本
六六號	隨手登記檔	二十五年（正月至十二月）	二本
六七號	交發檔	元年（正月至十二月）	二本
六八號	交發檔	二年（正月至十二月）	二本
六九號	交發檔	三年（正月至十二月）	二本
七〇號	交發檔	四年（正月至十二月）	二本

機字七一號	交發檔	五年（正月至十二月）	二本
七二號	交發檔	六年（正月至十二月）	二本
七三號	交發檔	七年（正月至十二月）	二本
七四號	交發檔	八年（正月至十二月）	二本
七五號	交發檔	九年（正月至十二月）	二本
七六號	交發檔	十年（正月至十二月）	二本
七七號	交發檔	十一年（正月至十二月）	二本
七八號	交發檔	十二年（正月至十二月）	二本
七九號	交發檔	十三年（正月至十二月）	二本
八〇號	交發檔	十四年（正月至六月）	一本
缺　七月至十二月			
八一號	交發檔	十五年（正月至十二月）	二本
八二號	交發檔	十六年（正月至十二月）	二本
八三號	交發檔	十七年（正月至十二月）	二本
八四號	交發檔	十八年（正月至十二月）	二本
八五號	交發檔	十九年（正月至十二月）	二本
八六號	交發檔	二十年（正月至十二月）	二本
八七號	交發檔	二十一年（正月至十二月）	二本
八八號	交發檔	二十二年（正月至十二月）	二本
八九號	交發檔	二十三年（正月至十二月）	二本
九〇號	交發檔	二十四年（正月至十二月）	二本
九一號	交發檔	二十五年（正月至十二月）	二本
九二號	林案供詞檔	十八年（九月至十月）	三本
九三號	尋常檔	四年（十一月）	一本

九四號	尋常檔	五年（四月）	一本
九五號	尋常檔	八年（三月）	一本
九六號	尋常檔	十二年（三月四月八月）	三本
九七號	衡工檔	八年（九月至十二月）	一本
九八號	衡工檔	九年（正月至九月）	一本
九九號	安南檔	元年（正月至十二月）	二本
一〇〇號	上諭登記檔	年月未分清	一本
一〇一號	方略館文移檔	十年（二月至十月）	一本
一〇二號	方略館文移檔	十年（二月至十一年十一月）	一本
一〇三號	方略館文移檔	十四年（二月至二十五年）	一本
一〇四號	方略館文移檔	二十五年至道光四年	一本
一〇五號	廷寄摘抄檔	七年十一月至八年十一月	一本
一〇六號	廷寄摘抄檔	七年十一月至九年十一月	一本
一〇七號	六旬萬壽慶典檔	二十二年二月至二十四年八月	二本
一〇八號	苗匪檔	元年（正月至十二月）	三本
一〇九號	苗匪檔	二年（正月至四月）	二本
一一〇號	勦捕教匪檔	四年（七月至九月）	二本
一一一號	勦捕教匪檔	六年（三月五月至十二月）	三本
一一二號	勦捕教匪檔	七年（正月至十二月）	四本
一一三號	勦捕教匪檔	又四年（十月至十一月）	一本
一一四號	勦辦南山教匪檔	十九年（正月）	二本
一一五號	平定教匪紀略總檔	十九年正月至二十一年五月	一本
一一六號	大員子弟檔	十一年（十二月）	一本
一一七號	大員子弟檔	二十年至二十一年	一本

機字一一八號	大員子弟檔	二十五年（十二月）	一本
一一九號	川陝楚善後事宜檔	七年十二月至八年正月	一本
一二〇號	川陝楚善後事宜檔	七年十二月至八年三月	一本
一二一號	川陝楚善後事宜檔	八年二月至九年六月	十一本
一二二號	川陝楚善後事宜檔	九年正月至十年閏六月	四本
一二三號	議覆檔	七年	一本
一二四號	議覆檔	十六年	一本
一二五號	收發實錄館月摺檔	二十五年至道光元年	一本
一二六號	五台圍檔	十六年	一本
一二七號	謁陵諭旨	五年	一本
一二八號	留京日記檔	二年	一本
一二九號	發報檔	六年（正月）	一本
一三〇號	發報檔	七年（正月）	一本
一三一號	交事檔	六年	一本
一三二號	交事檔	八年	一本
一三三號	交事檔	十七年	一本
一三四號	夾報報匣檔	年月未分清	一本
一三五號	來文檔	年月未分清	一本
一三六號	永遠存記檔	二十五年	一本
一三七號	印花簿	五年至六年	一本
一三八號	值班檔	十三年	一本
一三九號	留京辦事檔	二年（三月）	一本
一四〇號	方略館留京日記檔	十年七月至二十五年三月	三本
一四一號	交片檔	七年至九年	一本

一四二號　交片檔　九年至十一年　一本
一四三號　交片檔　二十年至二十四年　一本
一四四號　交片檔　二十五年　一本
一四五號　交事檔　八　年　一本
一四六號　密記檔　元　年（正月至十二月）　一本
以上一百四十六號共計九百一十三本

清道光朝檔冊目錄

號數	類別	年月	冊數
處字一號	上諭檔	元年（正月至十二月）	二四本
二號	上諭檔	二年（正月至十二月）	二六本
三號	上諭檔	三年（正月至十二月）	二四本
四號	上諭檔	四年（正月至十二月）	二六本
五號	上諭檔	五年（正月至十二月）	二四本
六號	上諭檔	六年（正月至十二月）	二四本
七號	上諭檔	七年（正月至十二月）	二六本
八號	上諭檔	八年（正月至十二月）	二三本
九號	上諭檔	九年（正月至十二月）	二四本
一〇號	上諭檔	十年（正月至十二月）	二六本
一一號	上諭檔	十一年（正月至十二月）	二四本
一二號	上諭檔	十二年（正月至十二月）	二六本
一三號	上諭檔	十三年（正月至十二月）	二四本
一四號	上諭檔	十四年（正月至十二月）	二四本
一五號	上諭檔	十五年（正月至十二月）	二六本
一六號	上諭檔	十六年（正月至十二月）	二四本
一七號	上諭檔	十七年（正月至十二月）	二四本
一八號	上諭檔	十八年（正月至十二月）	二六本
一九號	上諭檔	十九年（正月至十二月）	二四本
二〇號	上諭檔	二十年（正月至十二月）	二四本
二一號	上諭檔	二十一年（正月至十二月）	二六本

逸字

二二號	上諭檔	二十二年（正月至十二月）	二四本
二三號	上諭檔	二十三年（正月至十二月）	二六本
二四號	上諭檔	二十四年（正月至十二月）	二四本
二五號	上諭檔	二十五年（正月至十二月）	二四本
二六號	上諭檔	二十六年（正月至十二月）	二六本
二七號	上諭檔	二十七年（正月至十二月）	二四本
二八號	上諭檔	二十八年（正月至十二月）	二四本
二九號	上諭檔	二十九年（正月至十二月）	二六本
三〇號	上諭檔	三十年（正月至十二月）	二四本
三一號	隨手登記檔	元年（正月至十二月）	四本
三二號	隨手登記檔	二年（正月至十二月）	四本
三三號	隨手登記檔	三年（正月至十二月）	四本
三四號	隨手登記檔	四年（正月至十二月）	五本
三五號	隨手登記檔	五年（正月至十二月）	五本
三六號	隨手登記檔	六年（正月至十二月）	五本
三七號	隨手登記檔	七年（正月至十二月）	七本
三八號	隨手登記檔	八年（正月至十二月）	八本
三九號	隨手登記檔	九年（正月至十二月）	八本
四〇號	隨手登記檔	十年（正月至十二月）	七本
四一號	隨手登記檔	十一年（正月至十二月）	八本
四二號	隨手登記檔	十二年（正月至十二月）	八本
四三號	隨手登記檔	十三年（正月至十二月）	八本
四四號	隨手登記檔	十四年（正月至十二月）	八本
四五號	隨手登記檔	十五年（正月至十二月）	八本

四六號	隨手登記檔	十六年（正月至十二月）	八本
四七號	隨手登記檔	十七年（正月至十二月）	八本
四八號	隨手登記檔	十八年（正月至十二月）	八本
四九號	隨手登記檔	十九年（正月至十二月）	八本
五〇號	隨手登記檔	二十年（正月至十二月）	八本
五一號	隨手登記檔	二十一年（正月至十二月）	八本
五二號	隨手登記檔	二十二年（正月至十二月）	八本
五三號	隨手登記檔	二十三年（正月至十二月）	八本
五四號	隨手登記檔	二十四年（正月至十二月）	八本
五五號	隨手登記檔	二十五年（正月至十二月）	六本
五六號	隨手登記檔	二十六年（正月至十二月）	四本
五七號	隨手登記檔	二十七年（正月至十二月）	八本
五八號	隨手登記檔	二十八年（正月至十二月）	八本
五九號	隨手登記檔	二十九年（正月至十二月）	九本
六〇號	隨手登記檔	三十年（正月至十二月）	八本
六一號	交發檔	元年（正月至十二月）	二本
六二號	交發檔	二年（正月至十二月）	二本
六三號	交發檔	三年（正月至十二月）	二本
六四號	交發檔	四年（正月至十二月）	二本
六五號	交發檔	五年（正月至十二月）	二本
六六號	交發檔	六年（正月至十二月）	二本
六七號	交發檔	七年（正月至十二月）	二本
六八號	交發檔	八年（正月至十二月）	二本
六九號	交發檔	九年（正月至十二月）	二本

處字七〇號	交發檔	十年	（正月至十二月）	二本
七一號	交發檔	十一年	（正月至十二月）	二本
七二號	交發檔	十二年	（正月至十二月）	二本
七三號	交發檔	十三年	（正月至十二月）	二本
七四號	交發檔	十四年	（正月至十二月）	二本
七五號	交發檔	十五年	（正月至十二月）	二本
七六號	交發檔	十六年	（正月至十二月）	二本
七七號	交發檔	十七年	（正月至十二月）	二本
七八號	交發檔	十八年	（正月至十二月）	二本
七九號	交發檔	十九年	（正月至十二月）	二本
八〇號	交發檔	二十年	（正月至十二月）	二本
八一號	交發檔	二十一年	（正月至十二月）	二本
八二號	交發檔	二十二年	（正月至十二月）	二本
八三號	交發檔	二十三年	（正月至十二月）	二本
八四號	交發檔	二十四年	（正月至十二月）	二本
八五號	交發檔	二十五年	（正月至十二月）	二本
八六號	交發檔	二十六年	（正月至十二月）	二本
八七號	交發檔	二十七年	（正月至十二月）	二本
八八號	交發檔	二十八年	（正月至十二月）	二本
八九號	交發檔	二十九年	（正月至十二月）	二本
九〇號	交發檔	三十年	（正月至十二月）	二本
九一號	勦捕檔	六年	（正月至十二月）	四本
九二號	勦捕檔	七年	（正月至十二月）	二本
九三號	勦捕檔	八年	（正月至十二月）	四本

九四號	勦捕檔	九年（正月至十二月）	一本
九五號	勦捕檔	十年（九月至十二月）	四本
九六號	勦捕檔	十一年（正月至十二月）	四本
九七號	勦捕檔	十二年（正月至閏九月）	二本
九八號	勦捕檔	二十年（六月至十二月）	二本
九九號	勦捕檔	二十一年（正月至十二月）	八本
一〇〇號	勦捕檔	二十二年（正月至八月）	九本
一〇一號	勦捕檔	二十三年（正月）	一本
一〇二號	勦捕檔	三十年（五月至十二月）	二本
一〇三號	勦捕隨手登記檔	二十年（六月至二十一年閏三月）	一本
一〇四號	勦捕隨手登記檔	二十一年（四月至十月）	一本
一〇五號	勦捕隨手登記檔	二十九年（三月至三十年十二月）	一本
一〇六號	打對上諭檔	二十三年	一本
一〇七號	打對上諭檔	二十五年	一本
一〇八號	打對上諭檔	二十六年	一本
一〇九號	打對上諭檔	二十七年	一本
一一〇號	打對上諭檔	二十八年	一本
一一一號	打對上諭檔	二十九年	一本
一一二號	打對上諭檔	三十年	一本
一一三號	萬壽事宜檔	十一年（正月至八月）	一本
一一四號	月摺檔	十年（正月）	一本
一一五號	行文檔	五年（三月）	一本
一一六號	發報檔	三年	一本
一一七號	發報檔	十年	一本

處字一一八號	發報檔	十一年	一本
一一九號	發報檔	十四年	一本
一二〇號	發報檔	十五年	一本
一二一號	發報檔	十六年	一本
一二二號	發報檔	十七年	一本
一二三號	發報檔	十九年	一本
一二四號	發報檔	二十一年	一本
一二五號	發報檔	二十二年	一本
一二六號	發報檔	二十六年	一本
一二七號	發報檔	三十年	一本
一二八號	來文檔	十二年（正月）	一本
一二九號	議覆檔	三年（正月至三月）	一本
一三〇號	大員子弟檔	二十六年	一本
一三一號	方略館文移檔	九年至十四年	一本
一三二號	方略館文移檔	十五年至二十八年	一本
一三三號	方略館文移檔	二十九年至咸豐五年	一本
一三四號	新疆換班大臣檔	十七年至三十年	一本
一三五號	交片檔	二年	一本
一三六號	交片檔	三年	一本
一三七號	交片檔	五年	一本
一三八號	交片檔	六年	一本
一三九號	交片檔	八年	一本
一四〇號	交片檔	十一年	一本
一四一號	交片檔	十二年	一本

一四二號	交片檔	十四年	一本
一四三號	交片檔	十五年	一本
一四四號	交片檔	十六年	一本
一四五號	交片檔	十七年	一本
一四六號	交片檔	十八年	一本
一四七號	交片檔	二十一年	一本
一四八號	交片檔	二十二年	一本
一四九號	交片檔	二十三年	一本
一五〇號	交片檔	二十四年	一本
一五一號	交片檔	二十五年	一本
一五二號	交片檔	二十六年	一本
一五三號	交片檔	二十八年	一本
一五四號	交片檔	二十九年	一本
一五五號	收文檔	十六年至二十一年	一本
一五六號	議敘履歷底冊	二十八年	一本
一五七號	保舉檔	年月未分清	一本
一五八號	保舉檔	十二年七月	一本
一五九號	保舉檔	二十一年（七月）	一本

以上一百五十九號共計一千一百一十三本

三〇

咸豐朝檔冊目錄

字號	類別	年月	冊數
檔字一號	上諭檔	元年（正月至十二月）	二六本
二號	上諭檔	二年（正月至十二月）	二四本
三號	上諭檔	三年（正月至十二月）	二五本
四號	上諭檔	四年（正月至十二月）	二六本
五號	上諭檔	五年（正月至十二月）	二六本
六號	上諭檔	六年（正月至十二月）	二四本
七號	上諭檔	七年（正月至十二月）	二六本
八號	上諭檔	八年（正月至十二月）	二四本
九號	上諭檔	九年（正月至十二月）	二五本
一〇號	上諭檔	十年（正月至十二月）	二六本
一一號	上諭檔	十一年（正月至十二月）	二六本
一二號	勦捕檔	元年（正月至十二月）	八本
一三號	勦捕檔	二年（正月至十二月）	八本
一四號	勦捕檔	三年（正月至十二月）	二三本
一五號	勦捕檔	四年（正月至十二月）	二六本
一六號	勦捕檔	五年（二月至十二月）	二二本
缺正月			
一七號	勦捕檔	六年（正月至十二月）	二四本
一八號	勦捕檔	七年（正月至十二月）	二六本
一九號	勦捕檔	八年（正月至十二月）	二四本
二〇號	勦捕檔	九年（正月至十二月）	二三本

咸豐朝檔冊目錄　三二

檔字二一號	勅捕檔	十年（正月至十二月）	二五本
二二號 缺正月	勅捕檔	十一年（二月至十二月）	二一本
二三號	隨手登記檔	元年（正月至十二月）	八本
二四號	隨手登記檔	二年（正月至十二月）	八本
二五號	隨手登記檔	三年（正月至十二月）	八本
二六號	隨手登記檔	四年（正月至十二月）	八本
二七號	隨手登記檔	五年（正月至十二月）	八本
二八號	隨手登記檔	六年（正月至十二月）	八本
二九號	隨手登記檔	七年（正月至十二月）	八本
三〇號	隨手登記檔	八年（正月至十二月）	九本
三一號	隨手登記檔	九年（正月至十二月）	八本
三二號	隨手登記檔	十年（正月至十二月）	八本
三三號	隨手登記檔	十一年（正月至十二月）	八本
三四號	勅捕隨手登記檔	元年七月至二年五月	一本
三五號	勅捕隨手登記檔	二年（六月至十二月）	一本
三六號	勅捕隨手登記檔	三年（正月至十二月）	四本
三七號	勅捕隨手登記檔	四年（正月至十二月）	三本
三八號	勅捕隨手登記檔	五年（正月至十二月）	二本
三九號	勅捕隨手登記檔	六年（正月至十二月）	二本
四〇號	勅捕隨手登記檔	七年（正月至三月）	一本
四一號	交發檔	元年（正月至十二月）	二本
四二號	交發檔	二年（正月至十二月）	二本
四三號	交發檔	三年（正月至十二月）	二本

檔字號			
四四號	交發檔	四年（正月至十二月）	二本
四五號	交發檔	五年（正月至十二月）	二本
四六號	交發檔	六年（正月至十二月）	二本
四七號	交發檔	七年（正月至十二月）	二本
四八號	交發檔	八年（正月至十二月）	二本
四九號	交發檔	九年（正月至十二月）	二本
五〇號	交發檔	十年（正月至十二月）	二本
五一號	交發檔	十一年（正月至十二月）	二本
五二號	交發檔	無年月	一本
五三號	早事檔	元年（正月至六月）	一本
五四號	早事檔	三年（七月至十二月）	一本
五五號	早事檔	五年（正月至六月）	一本
五六號	早事檔	八年（正月至六月）	一本
五七號	議敘等第冊	十一年	一本
五八號	巡防事宜片行檔	三年（五月至八月）	一本
五九號	交事檔	元年	一本
六〇號	交事檔	二年	一本
六一號	交事檔	三年	一本
六二號	交事檔	五年	一本
六三號	交事檔	六年	一本
六四號	方略館文移檔	五年四月至十一年十二月	一本
六五號	方略館同人履歷冊	十一年	一本
六六號	發報檔	二年	一本
六七號	寄信檔	二年（正月至十二月）	一本

檔字六八號	寄信檔	三年（正月至十二月）	五本
六九號	寄信檔	四年（正月至十二月）	四本
七〇號	寄信檔	五年（正月至十二月）	三本
七一號	寄信檔	六年（正月至二月）	一本
七二號	宗內藩檔	元年至三年	一本
七三號	議覆檔	八年（正月至十二月）	一本
七四號	議覆檔	九年（正月至十二月）	一本
七五號	清檔房議敘履歷底冊	三年（四月）	一本
七六號	俄羅斯檔	十年（正月）	一本
七七號	與俄國公界互換記文檔	十一年（八月）	一本
七八號	打對上諭檔	六年（正月）	一本
七九號	交片檔	元年	一本
八〇號	交片檔	三年	一本
八一號	交片檔	元年至三年	一本
八二號	交片檔	四年至五年	一本
八三號	交片檔	五年	一本
八四號	交片檔	六年至七年	一本
八五號	交片檔	七年	二本
八六號	交片檔	八年	一本
八七號	交片檔	九年	一本
八八號	交片檔	十年	一本
八九號	交片檔	十一年	一本
九〇號	交片檔	無年月	一本
九一號	花翎勇號等項檔	道光三十年至咸豐十一年	一本

檔字九二號	木蘭檔	十年	一本
九三號	木蘭議覆檔	十年	一本
九四號	方略館隨手登記檔	十一年	一本
九五號	換班大臣檔	元年至十一年	一本
九六號	換班收文檔	元年至十年	一本
九七號	換班收文檔	元年（五月九月）	二本
九八號	換班收文檔	四年（九月）	一本
九九號	換班收文檔	八年（正月）	一本
一〇〇號	換班收文檔	九年（正月）	二本
一〇一號	換班收文檔	十年（正月）	一本
一〇二號	硃筆檔	四年	二本
一〇三號	硃筆檔	二年	一本
一〇四號	明發檔	三年至四年	一本
一〇五號	明發檔	四年至六年	一本

以上一百零五號共計七百本

一〇六號	隨手登記檔	九年（六月至十二月）	一本

以上一號係這中所存檔案內覆發現者故補編

同治朝檔冊目錄

字號	類別	年月	冊數
案字一號	上諭檔	元年（正月至十二月）	二六本
二號	上諭檔	二年（正月至十二月）	二四本
三號	上諭檔	三年（正月至十二月）	二四本
四號	上諭檔	四年（正月至十二月）	二六本
五號	上諭檔	五年（正月至十二月）	二四本
六號	上諭檔	六年（正月至十二月）	二二本
七號	上諭檔	七年（正月至十二月）	二六本
八號	上諭檔	八年（正月至十二月）	二四本
九號	上諭檔	九年（正月至十二月）	二六本
一〇號	上諭檔	十年（正月至十二月）	二四本
一一號	上諭檔	十一年（正月至十二月）	二四本
一二號	上諭檔	十二年（正月至十二月）	二六本
一三號	上諭檔	十三年（正月至十二月）	二四本
一四號	勦捕檔	元年（正月至十二月）	二六本
一五號	勦捕檔	二年（正月至十二月）	二四本
一六號	勦捕檔	三年（正月至十二月）	二四本
一七號	勦捕檔	四年（正月至十二月）	二六本
一八號	勦捕檔	五年（正月至十二月）	二四本
一九號	勦捕檔	六年（正月至十二月）	二三本
二〇號	勦捕檔	七年（正月至十二月）	二六本
二一號	勦捕檔	八年（正月至十二月）	二四本

同治朝檔冊目錄

三八

案字二二號	勦捕檔	九年（正月至十二月）	二四本
二三號	勦捕檔	十年（正月至十二月）	二四本
二四號	勦捕檔	十一年（正月至十二月）	二四本
二五號	勦捕檔	十二年（正月至十二月）	二六本
二六號	勦捕檔	十三年（正月至十二月）	二四本
二七號	隨手登記檔	元年（正月至十二月）	八本
二八號	隨手登記檔	二年（正月至十二月）	八本
二九號	隨手登記檔	三年（正月至十二月）	八本
三〇號	隨手登記檔	四年（正月至十二月）	八本
三一號	隨手登記檔	五年（正月至十二月）	八本
三二號	隨手登記檔	六年（正月至十二月）	八本
三三號	隨手登記檔	七年（正月至十二月）	八本
三四號	隨手登記檔	八年（正月至十二月）	八本
三五號	隨手登記檔	九年（正月至十二月）	八本
三六號	隨手登記檔	十年（正月至十二月）	八本
三七號	隨手登記檔	十一年（正月至十二月）	八本
三八號	隨手登記檔	十二年（正月至十二月）	八本
三九號	隨手登記檔	十三年（正月至十二月）	八本
四〇號	引見檔	咸豐十一年至同治元年	一本
四一號	引見檔	二年	二本
四二號	引見檔	三年	二本
四三號	引見檔	四年	二本
四四號	引見檔	五年	二本
四五號	引見檔	六年	二本

案字

四六號	引見檔	七年	二本
四七號	引見檔	八年	二本
四八號	引見檔	九年	二本
四九號	引見檔	十年	二本
五〇號	引見檔	十一年	二本
五一號	引見檔	十二年	一本
五二號	交發檔	元年（正月至十二月）	二本
五三號	交發檔	二年（正月至十二月）	三本
五四號	交發檔	三年（正月至十二月）	四本
五五號	交發檔	四年（正月至十二月）	四本
五六號	交發檔	五年（正月至十二月）	四本
五七號	交發檔	六年（正月至十二月）	四本
五八號	交發檔	七年（正月至十二月）	四本
五九號	交發檔	八年（正月至十二月）	四本
六〇號	交發檔	九年（正月至十二月）	四本
六一號	交發檔	十年（正月至十二月）	四本
六二號	交發檔	十一年（正月至十二月）	四本
六三號	交發檔	十二年（正月至十二月）	四本
六四號	交發檔	十三年（正月至十二月）	四本
六五號	新疆檔	七年至九年	一本
六六號	新疆檔	十年至十三年	一本
六七號	軍政卓異記名檔	元年六年十一年至光緒三年	一本
六八號	硃批檔	二年	一本
六九號	硃批檔	無年月	四本
七〇號	議覆檔	元年	一本

案字七一號	議覆檔	五年	一	本
七二號	議覆檔	十三年	一	本
七三號	明發檔	七年（七月至十二年）	一	本
七四號	明發檔	八年（正月）	一	本
七五號	明發檔	十年（正月）	一	本
七六號	明發檔	十二年（正月至六月）	一	本
七七號	行文檔	五年	一	本
七八號	行文檔	七年	一	本
七九號	行文檔	八年	一	本
八〇號	勦平粵捻匪方略館文移檔	七年	一	本
八一號	勦平粵捻匪方略館文移檔	九年	一	本
八二號	勦平粵捻匪方略館文移檔	十年	一	本
八三號	勦平粵捻匪方略館文移檔	十一年至十二年	一	本
八四號	方略館照會檔	十三年（正月）	一	本
八五號	供事差使簿	十年（二月）	一	本
八六號	發報檔	四年（正月至十二月）	一	本
八七號	發報檔	五年（正月至十二月）	一	本
八八號	發報檔	七年（正月至十二月）	一	本
八九號	發報檔	九年（正月至十二月）	一	本
九〇號	發報檔	十年（正月至十二月）	一	本
九一號	發報檔	十一年（正月至十二月）	一	本
九二號	發報檔	十二年（正月至十二月）	一	本
九三號	發報檔	十三年（正月至十二月）	一	本
九四號	早事檔	六年（七月至十二月）	一	本

案字九五號	早事檔	七年（正月至六月）	一本
九六號	早事檔	十年（五月至六月）	一本
九七號	早事檔	十一年（正月）	一本
九八號	大員子弟文書簿	五年（二月）	一本
九九號	大員子弟文書簿	十年	一本
一〇〇號	各衙門議覆檔	七年（正月九月）	二本
一〇一號	換班收文簿	五年（九月）	一本
一〇二號	換班收文簿	九年（九月）	一本
一〇三號	換班收文簿	十年（九月）	一本
一〇四號	收文簿	九年（正月至十二月）	一本
一〇五號	收文簿	十年（正月至十二月）	一本
一〇六號	收文簿	十三年（正月）	一本
一〇七號	收文簿	十三年至光緒三年	一本
一〇八號	收文簿	無年月	一本
一〇九號	記名總兵檔	咸豐十年至同治七年	一本
一一〇號	記名總兵檔	七年至八年	一本
一一一號	記名總兵檔	九年至十三年	一本
一一二號	武記名檔	元年（上下）	二本
一一三號	稽查交議事件檔	元年（八月）	一本
一一四號	御用圖記檔	二年	一本
一一五號	各省保舉檔	元年	一本
一一六號	各省保舉檔	二年	一本
一一七號	記名新檔	元年	一本
一一八號	記名新檔	三年	一本

案字一一九號	御印檔	五年（正月至十二月）	一本
一二〇號	御印檔	六年（正月至十二月）	一本
一二一號	御印檔	十一年（正月至十二月）	一本
一二二號	供事履歷冊	無年月	一本
一二三號	另行存記檔	二年	一本
一二四號	方略館大庫考勤簿	十三年（三月至十二月）	一本
一二五號	方略館行文檔	咸豐十一年至同治三年	一本
一二六號	方略館行文檔	元年至三年	一本
一二七號	方略館行文檔	六年至七年	一本
一二八號	方略館行文檔	八年至十二年	一本
一二九號	方略館行文檔	十一年至十三年	一本
一三〇號	方略館文移檔	十三年	一本
一三一號	方略館議敍底冊	二年三年	二本
一三二號	方略館議敍底冊	九年	一本
一三三號	方略館議敍底冊	十二年	二本
一三四號	方略館同人到館考勤簿	十一年	一本
一三五號	大臣換班檔	元年至十三年	一本
一三六號	應放副督統人員檔	無年月	四本
一三七號	吏部記名新檔	元年	一本
一三八號	軍政卓異收文簿	十一年（五月）	一本
一三九號	花翎勇號等項檔	元年（正月）	一本
一四〇號	方略館收文簿	十三年（正月）	一本
一四一號	清檔房文移檔	二年至四年	一本

以上一百四十一號共計九百零五本

光緒朝檔冊目錄

字號	類別	年月	冊數
目字一號	上諭檔	元年（正月至十二月）	二四本
二號	上諭檔	二年（正月至十二月）	二六本
三號	上諭檔	三年（正月至十二月）	二四本
四號	上諭檔	四年（正月至十二月）	二四本
五號	上諭檔	五年（正月至十二月）	二六本
六號	上諭檔	六年（正月至十二月）	二四本
七號	上諭檔	七年（正月至十二月）	二六本
八號	上諭檔	八年（正月至十二月）	二四本
九號	上諭檔	九年（正月至十二月）	二四本
一〇號	上諭檔	十年（正月至十二月）	一三本
一一號	上諭檔	十一年（正月至十二月）	一二本
一二號	上諭檔	十二年（正月至十二月）	二四本
一三號	上諭檔	十三年（正月至十二月）	二六本
一四號	上諭檔	十四年（正月至十二月）	二四本
一五號	上諭檔	十五年（正月至十二月）	二四本
一六號	上諭檔	十六年（正月至十二月）	二五本
一七號	上諭檔	十七年（正月至十二月）	二四本
一八號	上諭檔	十八年（正月至十二月）	二六本
一九號	上諭檔	十九年（正月至十二月）	二四本
二〇號	上諭檔	二十年（正月至十二月）	二四本
二一號	上諭檔	二十一年（正月至十二月）	二六本
二二號	上諭檔	二十二年（正月至十二月）	二四本

目字二三號	上諭檔	二十三年（正月至十二月）	二四本
二四號	上諭檔	二十四年（正月至十二月）	二七本
二五號	上諭檔	二十五年（正月至十二月）	二六本
二六號	上諭檔	二十六年（正月至十二月）	三〇本
二七號	上諭檔	二十七年（正月至十二月）	二六本
二八號	上諭檔	二十八年（正月至十二月）	二九本
二九號	上諭檔	二十九年（正月至十二月）	二一本
三〇號	上諭檔	三十年（正月至十二月）	一二本
三一號	上諭檔	三十一年（正月至十二月）	一二本
三二號	上諭檔	三十二年（正月至十二月）	二六本
三三號	上諭檔	三十三年（正月至十二月）	二四本
三四號	上諭檔	三十四年（正月至十二月）	二四本
三五號	早事檔	七年（三月至十二月）	六本
三六號	早事檔	八年（正月至十二月）	八本
三七號	早事檔	九年（正月至十二月）	八本
三八號	早事檔	十年（正月至十二月）	八本
三九號	早事檔	十一年（正月至十二月）	九本
四〇號	早事檔	十二年（正月至十二月）	八本
四一號	早事檔	十三年（正月至十二月）	八本
四二號	早事檔	十四年（正月至十二月）	八本
四三號	早事檔	十五年（正月至十二月）	九本
四四號	早事檔	十六年（正月至十二月）	八本
四五號	早事檔	十七年（正月至十二月）	七本
四六號	早事檔	十八年（正月至十二月）	八本

目字四七號	早事檔	十九年（正月至十二月）	八本
四八號	早事檔	二十年（正月至十二月）	八本
四九號	早事檔	二十一年（正月至十二月）	八本
五〇號	早事檔	二十二年（正月至十二月）	八本
五一號	早事檔	二十三年（正月至十二月）	八本
五二號	早事檔	二十四年（正月至十二月）	八本
五三號	早事檔	二十五年（正月至十二月）	八本
五四號	早事檔	二十六年（正月至九月）	六本
缺十月至十二月			
五五號	早事檔	二十七年（正月至十二月）	八本
五六號	早事檔	二十八年（正月至十二月）	七本
五七號	早事檔	二十九年（正月至十二月）	四本
五八號	早事檔	三十年（正月至十二月）	四本
五九號	早事檔	三十一年（正月至十二月）	四本
六〇號	早事檔	三十二年（正月至十二月）	八本
六一號	早事檔	三十三年（正月至十二月）	八本
六二號	早事檔	三十四年（正月至十二月）	八本
六三號	勦捕檔	元年（正月至十二月）	八本
六四號	勦捕檔	二年（正月至十二月）	八本
六五號	勦捕檔	三年（正月至十二月）	七本
六六號	勦捕檔	四年（正月至十二月）	五本
六七號	勦捕檔	五年（正月至十二月）	五本
六八號	勦捕檔	六年（正月至九月）	四本
六九號	勦捕檔	七年（五月）	二本

目字七〇號	洋務檔	四年（正月至十二月）	一本
七一號	洋務檔	四年正月至五年十二月	一本
七二號	洋務檔	五年（正月至十二月）	一本
七三號	洋務檔	六年（正月至十二月）	二本
七四號	洋務檔	七年（正月至十二月）	一本
七五號	洋務檔	七年正月至八年十二月	一本
七六號	洋務檔	八年（正月至十二月）	二本
七七號	洋務檔	九年（正月至十二月）	三本
七八號	洋務檔	十年（正月至十二月）	八本
七九號	洋務檔	十一年（正月至十二月）	八本
八〇號	洋務檔	十二年（正月至十二月）	八本
八一號	洋務檔	十三年（正月至十二月）	四本
八二號	洋務檔	十四年（正月至十二月）	二本
八三號	洋務檔	十五年（正月至十二月）	二本
八四號	洋務檔	十六年（正月至十二月）	二本
八五號	洋務檔	十七年（正月至十二月）	二本
八六號	洋務檔	十八年（正月至十二月）	二本
八七號	洋務檔	十九年（正月至十二月）	二本
八八號	洋務檔	二十年（正月至十二月）	一二本
八九號	洋務檔	二十一年（正月至十二月）	二六本
九〇號	洋務檔	二十二年（正月至十二月）	二四本
九一號	洋務檔	二十三年（正月至十二月）	二四本
九二號	洋務檔	二十四年（正月至十二月）	二六本
九三號	洋務檔	二十五年（正月至十二月）	一三本

編號	檔名	年份	月份	本數
目字九十四號	洋務檔	二十六年	（二月至七月）	七本
九十五號	交發檔	元年	（正月至十二月）	四本
九十六號	交發檔	二年	（正月至十二月）	四本
九十七號	交發檔	三年	（正月至十二月）	四本
九十八號	交發檔	四年	（正月至十二月）	四本
九十九號	交發檔	五年	（正月至十二月）	四本
一〇〇號	交發檔	六年	（正月至十二月）	四本
一〇一號	交發檔	七年	（正月至十二月）	四本
一〇二號	交發檔	八年	（正月至十二月）	四本
一〇三號	交發檔	九年	（正月至十二月）	四本
一〇四號	交發檔	十年	（正月至十二月）	四本
一〇五號	交發檔	十一年	（正月至十二月）	四本
一〇六號	交發檔	十二年	（正月至十二月）	四本
一〇七號	交發檔	十三年	（正月至十二月）	四本
一〇八號	交發檔	十四年	（正月至十二月）	四本
一〇九號	交發檔	十五年	（正月至十二月）	四本
一一〇號	交發檔	十六年	（正月至十二月）	四本
一一一號	交發檔	十七年	（正月至十二月）	四本
一一二號	交發檔	十八年	（正月至十二月）	四本
一一三號	交發檔	十九年	（正月至十二月）	四本
一一四號	交發檔	二十年	（正月至十二月）	四本
一一五號	交發檔	二十一年	（正月至十二月）	四本
一一六號	交發檔	二十二年	（正月至十二月）	四本
一一七號	交發檔	二十三年	（正月至十二月）	四本

目字一一八號	交發檔	二十四年（正月至十二月）	四本
一一九號	交發檔	二十五年（正月至十二月）	四本
一二〇號	交發檔	二十六年（正月至十二月）	六本
一二一號	交發檔	二十七年（正月至十二月）	六本
一二二號	交發檔	二十八年（正月至十二月）	四本
一二三號	交發檔	二十九年（正月至十二月）	四本
一二四號	交發檔	三十年（正月至十二月）	四本
一二五號	交發檔	三十一年（正月至十二月）	四本
一二六號	交發檔	三十二年（正月至十二月）	四本
一二七號	交發檔	三十三年（正月至十二月）	四本
一二八號	交發檔	三十四年（正月至十二月）	四本
一二九號	隨手登記檔	元年（正月至十二月）	八本
一三〇號	隨手登記檔	二年（正月至十二月）	八本
一三一號	隨手登記檔	三年（正月至十二月）	八本
一三二號	隨手登記檔	四年（正月至十二月）	八本
一三三號	隨手登記檔	五年（正月至十二月）	八本
一三四號	隨手登記檔	六年（正月至十二月）	八本
一三五號	隨手登記檔	七年（正月至十二月）	八本
一三六號	隨手登記檔	八年（正月至十二月）	八本
一三七號	隨手登記檔	九年（正月至十二月）	八本
一三八號	隨手登記檔	十年（正月至十二月）	八本
一三九號	隨手登記檔	十一年（正月至十二月）	八本
一四〇號	隨手登記檔	十二年（正月至十二月）	八本
一四一號	隨手登記檔	十三年（正月至十二月）	八本

目字一四二號　隨手登記檔　十四年（正月至十二月）　八本
一四三號　隨手登記檔　十五年（正月至十二月）　八本
一四四號　隨手登記檔　十六年（正月至十二月）　八本
一四五號　隨手登記檔　十七年（正月至十二月）　八本
一四六號　隨手登記檔　十八年（正月至十二月）　八本
一四七號　隨手登記檔　十九年（正月至十二月）　八本
一四八號　隨手登記檔　二十年（正月至十二月）　八本
一四九號　隨手登記檔　二十一年（正月至十二月）　八本
一五〇號　隨手登記檔　二十二年（正月至十二月）　八本
一五一號　隨手登記檔　二十三年（正月至十二月）　八本
一五二號　隨手登記檔　二十四年（正月至十二月）　八本
一五三號　隨手登記檔　二十五年（正月至十二月）　八本
一五四號　隨手登記檔　二十六年（正月至十二月）　八本
一五五號　隨手登記檔　二十七年（正月至十二月）　八本
一五六號　隨手登記檔　二十八年（正月至十二月）　八本
一五七號　隨手登記檔　二十九年（正月至十二月）　八本
一五八號　隨手登記檔　三十年（正月至十二月）　八本
一五九號　隨手登記檔　三十一年（正月至十二月）　八本
一六〇號　隨手登記檔　三十二年（正月至十二月）　八本
一六一號　隨手登記檔　三十三年（正月至十二月）　八本
一六二號　隨手登記檔　三十四年（正月至十二月）　八本
一六三號　引見檔　元年（正月至十二月）　一本
一六四號　引見檔　元年正月至二年十二月　一本
一六五號　引見檔　二年（正月至十二月）　一本

目字一六六號	引見檔	三年（正月至十二月）	二本
一六七號	引見檔	四年（正月至十二月）	二本
一六八號	引見檔	五年（正月至十二月）	二本
一六九號	引見檔	六年（正月至十二月）	二本
一七〇號	引見檔	七年（正月至十二月）	二本
一七一號	引見檔	八年（正月至十二月）	二本
一七二號	引見檔	九年（正月至十二月）	二本
一七三號	引見檔	十年（正月至十二月）	二本
一七四號	引見檔	十一年（正月至十二月）	二本
一七五號	引見檔	十二年（正月至十二月）	二本
一七六號	引見檔	十三年（正月至十二月）	四本
一七七號	引見檔	十四年（正月至十二月）	四本
一七八號	引見檔	十五年（正月至十二月）	四本
一七九號	引見檔	十六年（正月至十二月）	四本
一八〇號	引見檔	十七年（正月至十二月）	四本
一八一號	引見檔	十八年（正月至十二月）	四本
一八二號	引見檔	十九年（正月至十二月）	四本
一八三號	引見檔	二十年（正月至十二月）	四本
一八四號	引見檔	二十一年（正月至十二月）	四本
一八五號	引見檔	二十二年（正月至十二月）	四本
一八六號	引見檔	二十三年（正月至十二月）	四本
一八七號	引見檔	二十四年（正月至十二月）	四本
一八八號	引見檔	二十五年（正月至十二月）	六本
一八九號	引見檔	二十六年（正月至十二月）	五本

目字一九〇號	引見檔	二十七年（正月至十二月）	二本
一九一號	引見檔	二十八年（正月至十二月）	四本
一九二號	引見檔	二十九年（正月至十二月）	七本
一九三號	引見檔	三十年（正月至十二月）	七本
一九四號	引見檔	三十一年（正月至十二月）	八本
一九五號	引見檔	三十二年（正月至十二月）	八本
一九六號	引見檔	三十三年（正月至十二月）	八本
一九七號	引見檔	三十四年（正月至十二月）	六本
一九八號	奏片單檔	八年（正月至十二月）	四本
一九九號	奏片單檔	九年（正月至十二月）	三本
二〇〇號	奏片單檔	十年（正月至十二月）	三本
二〇一號	奏片單檔	十二年（正月至十二月）	四本
二〇二號	奏片單檔	十三年（正月至十二月）	四本
二〇三號	奏片單檔	十六年（十月至十二月）	三本
缺七月至九月			
二〇四號	奏片單檔	十七年（正月至九月）	三本
缺十月至十二月以下無奏片			
二〇五號	奏片單檔	十九年（正月至十二月）	三本
二〇六號	奏片單檔	二十年（正月至六月）	二本
缺七月至十二月			
二〇七號	奏片單檔	二十一年（正月至十二月）	四本

目字二〇八號	奏	單片	檔	二十二年（正月至十二月）	三本
二〇九號	奏	單片	檔	二十三年（正月至十二月）	三本
二一〇號	奏	單片	檔	二十四年（正月至十二月）	三本
二一一號	奏	單片	檔	二十五年（正月至十二月）	四本
二一二號	奏	單片	檔	二十七年（三月至十二月）	四本
缺正月至二月					
二一三號	奏	單片	檔	二十八年（正月至九月）	三本
缺十月至十二月					
二一四號	奏	單片	檔	二十九年（正月至十二月）	四本
二一五號	奏	單片	檔	三十年（正月至十二月）	四本
二一六號	奏	單片	檔	三十一年（正月至十二月）	四本
二一七號	奏	單片	檔	三十二年（正月至九月）	三本
缺十月至十二月					
二一八號	奏	單片	檔	三十三年（正月至十二月）	四本
二一九號	奏	單片	檔	三十四年（正月至十二月）	四本
二二〇號	奏	單片	檔	七年（七月至十二月）	二本
缺正月至六月此係目錄編製後清出者					
二二一號	奏	單片	檔	十一年（正月至九月）	三本
缺十月至十二月					
二二二號	奏	單片	檔	十四年（正月至十二月）	四本

目字二二三號	奏單片檔	十五年(正月至十二月)	四本
二二四號	奏單片檔	十八年(正月至十二月)	四本
二二五號	奏單片檔	二十七年(十一月至十二月)	一本
二二六號	奏寄檔	無年月	一本
二二七號	電寄檔	十年(正月至十二月)	五本
二二八號	電寄檔	十一年(正月至十二月)	五本
二二九號	電寄檔	十二年(正月至十二月)	四本
二三〇號	電寄檔	十三年(正月至十二月)	二本
二三一號	電寄檔	十四年(正月至十二月)	二本
二三二號	電寄檔	十五年(正月至十二月)	二本
二三三號	電寄檔	十六年(正月至十二月)	二本
二三四號	電寄檔	十七年(正月至十二月)	二本
二三五號	電寄檔	十八年(正月至十二月)	二本
二三六號	電寄檔	十九年(正月至十二月)	二本
二三七號	電寄檔	二十年(正月至十二月)	十四本
二三八號	電寄檔	二十一年(正月至十二月)	二六本
二三九號	電寄檔	二十二年(正月至十二月)	二四本
二四〇號	電寄檔	二十三年(正月至十二月)	二四本
二四一號	電寄檔	二十四年(正月至十二月)	二六本
二四二號	電寄檔	二十五年(正月至十二月)	二四本
二四三號	電寄檔	二十六年(正月至十二月)	二五本
二四四號	電寄檔	二十七年(正月至十二月)	二四本
二四五號	電寄檔	二十八年(正月至十二月)	二四本

目字二四六號	電寄檔	二十九年（正月至十二月）	二六本
二四七號	電寄檔	三十年（正月至十二月）	二四本
二四八號	電寄檔	三十一年（正月至十二月）	八本
二四九號	電寄檔	三十二年（正月至十二月）	七本
二五〇號	電寄檔	三十三年（正月至十二月）	八本
二五一號	電寄檔	三十四年（正月至十二月）	八本
二五二號	各省致軍機處電文	無年月	七本
二五三號	收發電檔	三十三年（正月至十二月）	十三本
二五四號	收發電檔	三十四年（正月至十二月）	六本
缺二三七八十十一等月			
二五五號	教案收電檔	三十二年（二月至五月）	一本
二五六號	教案發電檔	三十二年（二月至五月）	一本
二五七號	商約發電檔	二十七年至二十八年	一本
二五八號	商約發電檔	二十九年（正月至十二月）	一本
二五九號	商約發電檔	三十年（正月至十二月）	一本
二六〇號	商約發電檔	三十一年至三十二年	一本
二六一號	商約發電檔	三十三年（正月至十二月）	一本
二六二號	未遞電信	二十二年（十一月十二月）	一本
二六三號	未遞電信	二十四年（正月至五月）	七本
二六四號	呈遞電信	二十二年（十月至十二月）	三本
二六五號	呈遞電信	二十三年（正月至十二月）	八本
缺二三五九月			
二六六號	呈遞電信	二十四年（正月至五月）	六本
二六七號	電報檔	十年（三月至十二月）	十八本

目字二六八號	電報檔	十一年（正月至十二月）	二四本
二六九號	電報檔	十二年（正月至十二月）	二四本
二七〇號	電報檔	十三年（正月至十二月）	二六本
二七一號	電報檔	十四年（正月至十二月）	一三本
二七二號	電報檔	十五年（正月至十二月）	一三本
二七三號	電報檔	十六年（正月至十二月）	二六本
二七四號	電報檔	十七年（正月至十二月）	二四本
二七五號	電報檔	十八年（正月至十二月）	二一本
二七六號	電報檔	十九年（正月至十二月）	九本
二七七號	電報檔	二十年（正月至十二月）	一〇本
二七八號	電報檔	二十一年（正月至十二月）	七本
二七九號	電報檔	二十二年（正月至四月）	八本
二八〇號	電報檔	二十三年（正月至十二月）	一一本
二八一號	電報檔	二十四年（正月至五月）	八本
二八二號	東事發電檔	三十年（正月至十二月）	一三本
二八三號	東事發電檔	三十一年（正月至十二月）	一二本
二八四號	東事發電檔	無年月	三本
二八五號	發電檔	二十二年（五月十月十一月十二月）	四本
二八六號	發電檔	二十四年（三月閏三月）	二本
二八七號	發電檔	二十六年（正月至五月）	五本
二八八號	發電檔	二十八年（正月至十二月）	一二本
二八九號	發電檔	三十一年（正月至十二月）	一二本
二九〇號	東事收電檔	三十年（正月至十二月）	一一本
二九一號	東事收電檔	三十一年（正月至十二月）	一二本

目字二九二號	東事收電檔	無年月	一本
二九三號	收電檔	二十一年（四月）	一本
二九四號	收電檔	二十六年（正月至六月）	六本
二九五號	收電檔	二十七年（正月至十二月）	二本
二九六號	收電檔	二十八年（正月至十二月）	一一本
二九七號	收電檔	二十九年（正月至十二月）	一三本
二九八號	收電檔	三十二年（正月至十二月）	二六本
二九九號	收電檔	三十三年（正月至十二月）	二一本
三〇〇號	收電檔	三十四年（正月至十二月）	一二本
三〇一號	商約收電檔	二十七年至二十八年	一本
三〇二號	商約收電檔	二十八年（三月至十一月）	四本
三〇三號	商約收電檔	二十九年（七月至十二月）	一本
三〇四號	商約收電檔	三十年	一本
三〇五號	商約收電檔	三十一年	一本
三〇六號	商約收電檔	三十二年	一本
三〇七號	商約收電檔	三十三年	一本
三〇八號	勦辦回苗匪文移檔	二十年至二十一年	一本
三〇九號	校勘回苗匪方略行移檔	二十二年至二十五年	一本
三一〇號	勦平回苗匪方略館文移檔	十五年	一本
三一一號	勦平回苗匪方略館文移檔	十六年	一本
三一二號	勦平回苗匪方略館文移檔	十七年至十九年	一本
三一三號	勦平回苗匪方略館奏事檔	十五年至二十年	一本

目字三一四號	收文簿	元年	一本
三一五號	收文簿	二年	一本
三一六號	收文簿	三年	一本
三一七號	收文簿	四年	一本
三一八號	收文簿	五年	一本
三一九號	收文簿	十一年	一本
三二〇號	收文簿	十四年	一本
三二一號	收文簿	十八年	一本
三二二號	收文簿	十九年	一本
三二三號	收文簿	二十年	一本
三二四號	收文簿	二十一年	二本
三二五號	收文簿	二十二年	一本
三二六號	收文簿	二十三年	二本
三二七號	收文簿	二十六年	一本
三二八號	收文簿	二十七年	一本
三二九號	收文簿	二十八年	一本
三三〇號	秋審擬旨檔	二十四年（七月至九月）	二本
三三一號	會議檔	二十二年至三十三年	二本
三三二號	會議檔	三十四年	一本
三三三號	新疆檔	元年至九年	一本
三三四號	新疆檔	十年至十四年	一本
三三五號	新疆檔	二十一年	一本
三三六號	新疆檔	二十二年	一本
三三七號	新疆檔	二十四年	一本

目字三三八號	新疆檔	二十六年	一本
三三九號	新疆檔	二十八年	一本
三四〇號	新疆檔	二十九年	一本
三四一號	新疆檔	三十年	一本
三四二號	新疆檔	三十一年	一本
三四三號	新疆檔	三十二年	一本
三四四號	新疆檔	三十三年	一本
三四五號	新疆檔	三十四年	一本
三四六號	應放副都統人員簿	元年	一本
三四七號	應放副都統人員簿	四年	一本
三四八號	應放副都統人員簿	五年	一本
三四九號	應放副都統人員簿	八年	一本
三五〇號	應放副都統人員簿	十三年	一本
三五一號	應放副都統人員簿	二十八年	一本
三五二號	應放副都統人員簿	二十四年	一本
三五三號	應放副都統人員簿	二十九年	一本
三五四號	應放副都統人員簿	三十年	一本
三五五號	應放副都統人員簿	三十一年	一本
三五六號	應放副都統人員簿	三十二年	一本
三五七號	應放副都統人員簿	三十三年	一本
三五八號	應放副都統人員簿	三十四年	一本
三五九號	交片檔	年不一	十九本
三六〇號	內收文簿	年不一	大小三十本
三六一號	小本早事檔	元年（正月）	二本

目字三六二號	小本早事檔	二年（七月）	一本
三六三號	小本早事檔	三年（七月）	二本
三六四號	小本早事檔	四年（正月七月）	二本
三六五號	小本早事檔	五年（正月七月）	三本
三六六號	小本早事檔	七年（七月）	一本
三六七號	小本早事檔	九年（正月七月）	三本
三六八號	小本早事檔	十年（七月）	一本
三六九號	小本早事檔	十一年（七月）	一本
三七〇號	小本早事檔	十三年（正月七月）	二本
三七一號	小本早事檔	十四年（正月七月）	二本
三七二號	小本早事檔	十五年（正月七月）	三本
三七三號	小本早事檔	十六年（七月）	二本
三七四號	小本早事檔	十七年（七月）	一本
三七五號	小本早事檔	十八年（正月）	一本
三七六號	小本早事檔	十九年（七月）	一本
三七七號	小本早事檔	二十二年（七月）	一本
三七八號	小本早事檔	二十四年（正月）	一本
三七九號	小本早事檔	二十八年（正月七月）	二本
三八〇號	小本早事檔	二十九年（正月）	一本
三八一號	小本早事檔	三十二年（七月）	一本
三八二號	小本早事檔	三十三年（七月）	二本
三八三號	小本早事檔	十五年	一本
三八四號	知會檔	七年（正月）	一本
三八五號	知會檔	十五年（正月）	一本

目字三八六號	知會檔	十七年（正月）	一本
三八七號	知會檔	二十一年（正月）	一本
三八八號	知會檔	二十八年（十二月）	一本
三八九號	皇太后六旬萬壽慶典檔	十八年	一本
三九〇號	皇太后六旬萬壽慶典檔	十九年	一本
三九一號	揀班檔	二十八年	一本
三九二號	揀班檔	二十九年	一本
三九三號	揀班檔	三十年	一本
三九四號	揀班檔	三十一年	一本
三九五號	揀班檔	三十二年	一本
三九六號	揀班檔	三十三年	一本
三九七號	揀班檔	三十四年	一本
三九八號	揀班檔	元年至五年	一本
三九九號	揀班檔	十年至十九年	一本
四〇〇號	交班檔	七年至十一年	一本
四〇一號	交班檔	十二年至十四年	一本
四〇二號	交班檔	十五年至十七年	一本
四〇三號	交班檔	十八年	一本
四〇四號	交班檔	十九年	一本
四〇五號	交班檔	二十年	一本
四〇六號	交班檔	二十一年	一本
四〇七號	交班檔	二十二年	一本
四〇八號	交班檔	二十四年	一本
四〇九號	交班檔	二十七年	一本
四一〇號	交班檔	二十九年	一本

目字四一一號	交班檔	三十年	一本
四一二號	交班檔	三十三年	二本
四一三號	方略館同人履歷冊	八年	一本
四一四號	方略館同人履歷冊	十七年	一本
四一五號	方略館同人履歷冊	二十一年	一本
四一六號	方略館同人履歷冊	二十二年	一本
四一七號	方略館同人履歷冊	二十五年	一本
四一八號	方略館同人履歷冊	二十九年	一本
四一九號	方略館同人履歷冊	三十一年	一本
四二〇號	方略館同人履歷冊	三十二年	一本
四二一號	硃批檔	二十二年	一本
四二二號	硃批檔	二十七年至二十九年	一本
四二三號	硃批檔	三十三年	一本
四二四號	硃批檔	無年月	一本
四二五號	俸冊	三十二年(十二月)	一本
四二六號	軍務檔	二十六年(六月七月)	二本
四二七號	方略館行文檔	十二年至十三年	一本
四二八號	方略館行文檔	十五年至十八年	一本
四二九號	方略館行文檔	二十年至二十一年	一本
四三〇號	方略館行文檔	二十五年至二十六年	一本
四三一號	方略館行文檔	二十八年	一本
四三二號	方略館行文檔	三十三年至三十四年	一本
四三三號	方略館行文檔	元年	一本
四三四號	方略館行文檔	十九年	一本

目字四三五號	各衙門文書簿	十九年	一本
四三六號	各衙門文書簿	二十年	一本
四三七號	各衙門文書簿	二十一年	一本
四三八號	各衙門文書簿	二十二年	一本
四三九號	各衙門文書簿	二十三年	一本
四四〇號	各衙門文書簿	二十四年	一本
四四一號	各衙門文書簿	二十七年	一本
四四二號	各衙門文書簿	二十八年	一本
四四三號	各衙門文書簿	二十九年	一本
四四四號	各衙門文書簿	三十年	一本
四四五號	各衙門文書簿	三十一年	一本
四四六號	各衙門文書簿	三十二年	一本
四四七號	各衙門文書簿	三十三年	一本
四四八號	各缺門文書簿	三十四年	一本
四四九號	隨手登銷檔	二年	一本
四五〇號	隨手登銷檔	五年	一本
四五一號	隨手登銷檔	十二年	一本
四五二號	隨手登銷檔	十四年	一本
四五三號	隨手登銷檔	二十二年	二本
四五四號	隨手登銷檔	三年	一本
四五五號	隨手登銷檔	四年	一本
四五六號	隨手登銷檔	六年	一本
四五七號	隨手登銷檔	十年	一本
四五八號	隨手登銷檔	二十七年至二十九年	一本

目字四五九號	倂發報由	十三年	一本
四六〇號	倂發報由	十四年	一本
四六一號	倂發報由	十五年	一本
四六二號	倂發報由	十六年	一本
四六三號	倂發報由	十七年	一本
四六四號	倂發報由	十八年	一本
四六五號	倂發報由	二十年	一本
四六六號	倂發報由	二十一年	一本
四六七號	倂發報由	二十二年	一本
四六八號	倂發報由	十六年至二十四年	一本
四六九號	倂發報由	二十六年	一本
四七〇號	倂發報由	二十七年	一本
四七一號	倂發報由	二十八年	二本
四七二號	倂發報由	二十九年	一本
四七三號	倂發報由	三十年	一本
四七四號	摺單	六年	一本
四七五號	摺單	十二年	一本
四七六號	摺單	十三年	一本
四七七號	摺單	十四年	一本
四七八號	摺單	十六年	一本
四七九號	摺單	十九年	一本
四八〇號	摺單	二十二年	一本
四八一號	摺單	二十三年	一本
四八二號	摺單	二十四年	一本

目字四八三號	摺單	二十五年	一本
四八四號	摺單	二十六年	一本
四八五號	摺單	二十七年	一本
四八六號	考勤簿	三年至三十三年	一三二本
四八七號	議覆檔	四年（正月至十二月）	一本
四八八號	議覆檔	五年	一本
四八九號	議覆檔	六年	一本
四九〇號	議覆檔	七年	一本
四九一號	議覆檔	八年	一本
四九二號	議覆檔	九年	一本
四九三號	議覆檔	十年	一本
四九四號	議覆檔	十一年	二本
四九五號	議覆檔	十三年	二本
四九六號	議覆檔	十四年	二本
四九七號	議覆檔	十六年	一本
四九八號	議覆檔	十七年	一本
四九九號	議覆檔	十八年	二本
五〇〇號	議覆檔	十九年	二本
五〇一號	議覆檔	二十年	一本
五〇二號	議覆檔	二十一年	三本
五〇三號	議覆檔	二十二年	二本
五〇四號	議覆檔	二十三年	二本
五〇五號	議覆檔	二十四年	三本
五〇六號	議覆檔	二十五年	二本

目字五〇七號	議覆檔	二十六年	二本
五〇八號	議覆檔	二十七年	二本
五〇九號	議覆檔	二十八年	三本
五一〇號	議覆檔	二十九年	一本
五一一號	議覆檔	三十年	三本
五一二號	議覆檔	三十一年	三本
五一三號	議覆檔	三十二年	三本
五一四號	議覆檔	三十三年	三本
五一五號	議覆檔	三十四年	三本
五一六號	漢檔議敘底冊	二年	一本
五一七號	漢檔議敘底冊	四年	一本
五一八號	漢檔議敘底冊	五年	一本
五一九號	漢議論敘底冊	八年	一本
五二〇號	漢檔議敘底冊	九年	一本
五二一號	漢檔議敘底冊	十四年	一本
五二二號	漢檔議敘底冊	十九年	一本
五二三號	漢檔議敘底冊	二十五年	一本
五二四號	漢檔議敘底冊	二十八年	
五二五號	奉安奉移成案	元年至五年	一本
五二六號	花翎勇號等項檔	元年	一本
五二七號	花翎勇號等項檔	無年份	一本
五二八號	堂交硃批簿	二十四年	一本
五二九號	管理各營處大臣官銜簿	無年份	一本
五三〇號	大臣養廉簿	二十四年至宣統元年	一本

目字五三一號 御前行走侍衞簿・無年份 一本

以上五百三十一號共計三千一百二十七本

五三二號	現月檔	十年（正月至十二月）	一三本
五三三號	現月檔	十一年（正月至十二月）	一二本
五三四號	現月檔	二十九年（正月至十二月）	一三本
五三五號	現月檔	三十年（正月至十二月）	一二本
五三六號	現月檔	三十一年（正月至十二月）	一二本
五三七號	早事檔	二十九年（正月至十二月）	四本
五三八號	早事檔	三十年（正月至十二月）	四本
五三九號	早事檔	三十一年（正月至十二月）	四本

以上自五三二號至五三九號共八號計七十四本係宮中所存檔案內覆發現者故補編

六六

宣統朝檔冊目錄

字號	類別	年月	冊數
錄字一號	上諭檔	元年（正月至十二月）	二六本
二號	上諭檔	二年（正月至十二月）	二四本
三號	上諭檔	三年（正月至十二月）	一八本
四號	隨手登記檔	元年（正月至十二月）	八本
五號	隨手登記檔	二年（正月至十二月）	八本
六號	隨手登記檔	三年（正月至十二月）	一七本
七號	交發檔	元年（正月至十二月）	四本
八號	交發檔	二年（正月至十二月）	四本
九號	交發檔	三年（正月至十二月）	八本
一〇號	引見檔	元年（正月至十二月）	八本
一一號	引見檔	二年（正月至十二月）	七本
一二號	引見檔	三年（正月至十二月）	六本
一三號	奏單檔	元年（正月至十二月）	四本
一四號	奏單檔	二年（正月至十二月）	四本
一五號	奏單檔	三年（正月至十二月）	四本
一六號	議覆檔	元年（正月至十二月）	二本
一七號	議覆檔	二年（正月至十二月）	二本
一八號	議覆檔	三年（正月至十二月）	四本
一九號	廷寄檔	元年（正月至十二月）	三本
二〇號	廷寄檔	二年（正月至十二月）	二本
二一號	廷寄檔	三年（正月至十二月）	三本

錄字二二號	明發檔	元年（正月至十二月）	二本
二三號	明發檔	二年（七月至十二月）	一本
二四號	明發檔	三年（正月至十二月）	三本
二五號	新疆檔	元年（正月至十二月）	一本
二六號	新疆檔	二年（正月至十二月）	一本
二七號	閣議檔	三年（五月）	一本
二八號	文班事件檔	元年（正月至十二月）	一本
二九號	文班事件檔	二年（正月至十二月）	一本
三〇號	交片檔	三年（四月至十二月）	二本
三一號	俸冊檔	元年（正月至十二月）	一本
三二號	密電檔	二年（正月）	一本
三三號	收文簿	三年	四年
三四號	外文簿	三年（五月至九月）	二本
三五號	發文簿	三年（六月）	一本
三六號	查辦文武廢員單	元年	一本
三七號	實錄館調取收發簿	元年（八月）	五本
三八號	應放副都統人員簿	元年（正月）	一本
三九號	應放副都統人員簿	二年（正月）	一本
四〇號	應放副都統人員簿	三年（正月）	一本
四一號	換班檔	元年（正月）	一本
四二號	換班檔	二年（正月）	一本
四三號	換班檔	三年（正月）	一本
四四號	早事檔	元年（正月至十二月）	八本
四五號	早事檔	二年（正月至十二月）	八本

錄字四六號	早事檔	三年（正月至十二月）	七本
四七號	電寄檔	元年（正月至十二月）	七本
四八號	電寄檔	二年（正月至十二月）	八本
四九號	電寄檔	三年（正月至十二月）	一〇本
五〇號	收發電檔	元年（正月至六月）	九本
五一號	收發電檔	二年（正月至十二月）	三六本
五二號	收發電檔	三年（正月至七月）	一一本
五三號	收文存根	未分清	二四本

以上五十三號共計三百二十八本

附錄一

國務院呈第一四四號

爲呈請事竊查前清軍機處檔案改革以後一律仍存方略館內暫派錄事二人管理殊不足以昭鄭重查此項卷宗甚關緊要深恐日久散佚難備查攷擬請由本院直接自行管理並將院內現有之樓屋數楹添配架隔專備存儲此種檔案之用如蒙俯允即行分別遵批辦理其添配架隔及搬移案卷各費用應隨時核由　財政部發給造銷以期核實所有擬請接管前清軍機處檔案暨添配院屋架隔以備存儲各緣由是否有當理合呈請鑒核示遵謹呈大總統國務總理孫寶琦

中華民國三年二月二十八日

附錄二

故宮博物院致國務院函

逕啟者本院組織內分古物圖書二館圖書館內又分圖書文獻二部文獻部所藏悉爲有清一代史料除實錄起居注等已纂有成書尚堪檢閱外餘如硃批諭旨留中奏摺等皆散帙零篇搜討不便加以年代久遠塵封積寸狼藉異常非予清釐恐終廢棄曩者內閣大庫舊檔當局曾以賤值出售紙商麻袋八千易鈔半數不俟秦火已淪刼灰茲幸本院成立關於有清一代史料保存編纂職有專責擬利用此等史料編纂清通鑑長編及清通鑑記事本末以與清史相輔而行用垂不朽唯院中所藏史料尚虞不足查清舊軍機處檔案現存集靈囿自雍正以來二百年間軍事機密胥具於是今境遷事過無所忌諱是宜公表於世以資考證且此項文件與宮中所藏檔案關係至密註一檔分載兩處或兩種紀載互相發明合之兩美離之兩傷亦宜彙聚一處加以整理考歷代官私書目史料傳者大抵編敕成書方能流布其以散帙傳者未之前聞即已有成書如唐二十二朝實錄之見於高氏史略者除順治一朝外至明多已不傳宋代史料之見於晁陳二家書目如元豐廣案百卷嘉祐御史臺記五十卷國朝會要總類五百八十八卷至明朝亦已不傳元代史料見於明初文淵閣書目如經世大典七百八十一册太常集禮稿百册大元通利四十五册至清初亦已不傳以此類推清代遺文失今不圖後將何及查德法等國所有各機關過時檔案均移存文獻館以爲編纂國史之用本院現爲保存有清一代文物典章起見用特函

請貴院將舊存軍機處檔案移存故宮博物院文獻部以便從事整理一面分類陳列並可勒成專書一舉兩得豈不較勝於束之高閣徒供蠹魚終歸湮沒也又集靈囿圖書室所藏書籍內多有關清代掌故茲擬照松坡圖書館前例請將該項書籍同時撥歸本院圖書館俾供衆覽並作編纂參攷之用貴總理闡揚文化素具熱心故宮博物院之成亦夙蒙贊助倘清代史料得藉此編製成巨帙傳示將來豈惟本院之幸實國家之盛業也特此函乞准予施行實紉公誼此上國務總理

附錄三

國務院復函

逕啟者前准貴院函開本院組織內分古物圖書二館圖書館內又分圖書文獻二部所藏悉爲有清一代史料現已編纂清通鑑長篇及清通鑑記事本末與清史相輔而行惟院內所藏史料尙虞不足查清舊軍機處檔案現存集靈囿用特請移存故宮博物院文獻部以便勒成專書又可公開展覽又集靈囿圖書館所藏書籍多有關清代掌故茲擬照松坡圖書館例同時撥歸本院圖書館俾供衆覽並作編纂參考之用各等因到院查軍機處舊檔案夙隸外廷覈與故宮截爲兩事至集靈囿圖書館概藏書籍雖多舊本匪限一朝以前者論當庋諸清史館庶紀表志傳有所折衷以後者論宜責成教育部分甲乙丙丁藉備省覽凡此名山之銓配實皆經國之要圖政有洪纖誼非適莫貴院宏規無外獨出冠時有識用欽非特下走所擬述通鑑長篇及紀事本末極編摩之盛意應時事之要求發皇思之幽情輔翼愛新之信史惟思進編大過變實非常十二世入主上腴三百載別開生面沂海通於九萬里結帝局於四千年固天道之好還亦人羣之進步翠華已渺朱果無靈自長白以開基胥殺青而可寫開天取能傳信定哀何假微辭才學識既集其長疑問誤定求其是況有波遷之實錄不同杞宋之無徵入東觀以駢羅就西清而索隱宣尼奮筆先得寶書文終入關逕收圖籍皇甫向微藏表乞特送一車涑水以書局自隨許假一館皆先世之韻事尤曠古之美譚貴院遐晚千秋罕遺一物旁取外臺之簡策藉充中秘之琳瑯併柱

下於金縢合淹中於石室在圖書爲得所畛略域之可言博物館有意本西來法原東注公同愛護不隨
并煙本刋各守信條比於金科玉律陵谷縱有時而變靈先固終古獨存方今凝血玄黃驚心蒼赤與其
覆甄毋寧借瓶土黑秦灰魯壁之金絲仍在汗靑汲冢荆戶與檮杌俱傳前事可師餉貽愈久旣果確無
效失詎能別立異同爲政要先正名此意亦當共喩所願陵雲巨製早日刋行龍門勿補於少孫虎觀轉
成於班姨長傳百六始作爲政府之遂存鄭重再三期別於淸宮之固有除飭在職員司先行按册點交
外相應切實聲明即希派員接洽此致故宮博物院

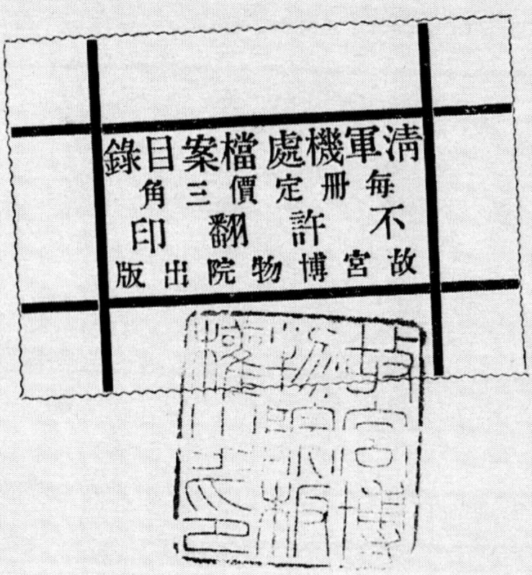

清軍機處檔案目錄
每冊定價三角
不許翻印
故宮博物院出版

六

清内務府造辦處輿圖房圖目初編

清內務府造辦處輿圖房圖目初編

國立北平故宮博物院文獻館編印

凡例

一　本編分類，大致參照蘿圖薈萃舊目略加損益，別爲輿地，都城宮苑，風土，江海，河渠，武功，巡幸，名勝，瑞應，效貢，寺廟，山陵，風水十三類，並附圖目一類於後。

二　京城各圖舊目入輿地類。案此種圖皆城郭宮室之屬，與其他輿圖繪郡國山川者不類。考新唐書藝文志以三輔黃圖洛陽宮殿簿等書冠於陸澄地理志之前。四庫書目以三輔黃圖禁扁二書別爲一類，題曰宮殿疏，冠於總志之前。雖屬專制時代尊王之義，亦因其實與普通地志有別故也。通志藝文畧地理類有都城宮苑一子目，今仿立此目，將京師各圖別出於輿地之外，自爲一類。

三　各種風俗圖舊目入輿地類。案此非爲山川地理而作，因別爲一類，題曰風土。次於都城宮苑之後。

四　本編所收之御製詩卷勒石嵌墻圖式，御詩亭圖式諸圖，爲舊目所無。案此當屬於先賢祠廟冢墓。今即別立冢墓一目，附於寺廟類之下。

五　河工水閘稻田水利諸圖，舊目與河流圖統歸河道類。案此不僅關於河道，依四庫總目之例，改題曰河渠。

六　圖名著錄，多仍舊稱，其原題與內容不符者改訂之，附注說明。原未標名者，則擬以適當之名，並於圖目上冠＊號以別之。

七　輿地，風土，名勝，瑞應，寺廟，風水六類各圖之排列，俱依乾隆大清一統志皇朝行政區域及圖表之次第。都城宮苑一類，先列總圖，次列分圖。江海類依海岸線自南而北順序排列。河渠類依水系為序。武功類依戰事時代先後為序。巡幸類依當時巡幸路線為序。效貢類依其時代之先後為序。山陵類依帝王世系為序。

八　本目所載繪進人姓名及時代，多依原圖簽注。無簽注者參考檔案或其他記載補注之。其無可考者闕。

九　本目所收之圖，凡已載於蘿圖薈萃正續舊目者，清宮史續編已用嘉慶工部營造尺記其圖心之廣袤，今即據以入錄。其未著錄者，另以公尺量識之。

十　凡圖以其裝潢之形式，分稱裝訂成帙者曰冊。手卷式曰卷。單幅曰幅。其一目而包含多件者總稱曰份。並注明每份所有冊葉卷幅之數。

十一　內務府造辦處輿圖房之圖，尚有一部分在滬。其目當俟續出。

十一　內容所造譜表與圖解之說，猶有一部分在滿，其日語後譯出。全作者總稱曰份，並註明每份所有冊葉卷幅之數。

目次

輿地

天下全圖一幅　墨印紙本　縱0•8公尺橫1•11公尺

康熙三十三年印

大明混一圖一幅　彩繪絹本　縱12•7尺橫15尺　破

案此圖蘿圖薈萃題清字簽一統圖，今從原圖題名改之。

皇輿十排全圖二份　墨印紙本　每份十捲　內一份着色

第一排縱0•51公尺橫5•14公尺　第二排縱0•51公尺橫7•2公尺

第三排縱0•51公尺橫8•2公尺　第四排縱0•51公尺橫7•7公尺

第五排縱0•51公尺橫7•2公尺　第六排縱0•51公尺橫4•11公尺

第七排縱0•51公尺橫4•63公尺　第八排縱0•51公尺橫4•11公尺

第九排縱0•51公尺橫2•56公尺　第十排縱0•26公尺橫1•53公尺

皇輿全圖十一份　墨印紙本　每份一〇四幅　每幅縱0•39公尺橫0•66公尺

乾隆二十五年印　滿漢文

內有四份缺。兩份各缺一幅。一份缺四幅。一份缺六十六幅。

皇朝中外一統輿地全圖一份三十一册　墨印紙本　每葉縱0•23公尺橫0•35公尺

同治二年鐫。原註「板藏湖北撫署景桓樓。」

皇朝一統輿地全圖一份二册　墨印紙本　每葉縱0•28公尺橫0•35公尺

光緒二十年上海鴻寶齋印。

大清中外天下全圖一幅　彩繪紙本　縱4尺橫4•9尺

大清一統天下全圖一幅　墨印紙本　縱1•1公尺橫同

圖之右下角註「康熙五十三年甲午四月既望太原閻詠復中圖幷識。」

論九州山鎮川澤全圖一幅　墨印紙本　縱0•51公尺橫0•63公尺

圖之上方註「明萬歷癸未歲孟春國史修撰雲杜李維楨識。」

各省通行路程一份二册　墨印紙本　每葉縱0•55公尺橫同　殘

十五省方向路程一份十五册　墨印紙本　每葉縱0•55公尺橫同

十五省府州縣方向路程一份十五册　墨印紙本　每葉縱0•55公尺橫同

十五省驛站路程一份十五册　墨印紙本　每葉縱0·55公尺横同

右圖三種，原編一號，簽註「驛站路程三册」。今檢原件名稱，數量，均與簽註不符，故分別編排。

京城至十四省驛站路程一份十四册　附水源說明一册　墨印紙本　每葉縱0·55公尺横同

口外路程一份二十二册　墨印紙本　每葉縱0·55公尺横同　滿漢文

明刻九邊圖一册　墨印紙本　每葉縱0·33公尺横同

明萬歷年刻本

陝西甘肅寧夏西寧等處安設駐防圖一幅　彩繪絹本　縱5·52尺横5尺　滿文

口外諸王圖一幅　彩繪紙本　縱1·8尺横2·8尺

西北兩路地圖一幅　彩繪紙本　縱0·43公尺横同

亞西亞洲圖一幅　墨印紙本　縱0·93公尺横1·19公尺

康熙三十七年印

歐羅巴洲圖一幅　墨印紙本　縱0·92公尺横1·17公尺　蛀

康熙三十七年印

亞非利加洲圖一幅　墨印紙本　縱0•92公尺橫1•8公尺　蛀

康熙三十七年印

亞墨利加洲圖一幅　墨印紙本　縱0•92公尺橫1•9公尺　蛀

康熙三十七年印

右圖四幅，均爲法文，並附漢譯簽釋。

以上總圖

盛京全圖一幅　彩繪紙本　縱2•5尺橫3•2尺

盛京通省疆界圖式一幅　彩繪紙本　縱0•69公尺橫1•28公尺

盛京烏拉等處圖一幅　彩繪紙本　縱0•63公尺橫0•8公尺　滿文

寗古塔邊界地方全圖一幅　彩繪紙本　縱0•46公尺橫0•7公尺

三姓邊界地方全圖一幅　彩繪紙本　縱0•46公尺橫0•7公尺

伯利圖一幅　彩繪紙本　縱0•34公尺橫同

琿春圖一幅　彩繪紙本　縱0•35公尺橫0•34公尺

琿春邊界地方全圖一幅　彩繪紙本　縱0•49公尺橫0•69公尺
雙城子圖一幅　彩繪紙本　縱0•34公尺橫同
廟爾圖一幅　彩繪紙本　縱0•43公尺橫0•46公尺
海蘭泡圖一幅　彩繪紙本　縱0•34公尺橫同
徐爾固圖一幅　彩繪紙本　縱0•34公尺橫同
平頂山地勢丈尺圖一幅　彩繪紙本　縱0•95公尺橫0•32公尺

以上盛京

直隸全省圖一幅　彩繪絹本　縱1•64公尺橫同
直隸全省圖一幅　彩繪絹本　縱23尺橫18尺
直隸圖十一幅　墨印紙本　每幅縱0•38公尺橫0•29公尺
案各幅相同。內一幅簽註「直隸圖一卷計十二張」原缺一幅。
直隸圖一幅　彩繪紙本　縱1•16公尺橫2•1公尺　破
直隸等省邊垣圖一幅　彩繪紙本　縱5•18公尺橫1•82公尺

直隷熱河木蘭等處圖一幅　彩繪紙本　縱1·55公尺橫1·6公尺　滿漢文

宣府鎮圖本一册　彩繪絹本　每葉縱1·5尺橫1·28尺　滿漢文　蛀

居海關圖本一册　彩繪紙本　每葉縱0·57公尺橫0·46公尺

山海關圖二幅　彩繪紙本　一縱0·57公尺橫0·46公尺　破　一縱0·57公尺橫0·46公尺

熱河全圖一幅　彩繪紙本　縱2尺橫3尺　蛀

熱河圖一幅　彩繪紙本　縱2·89公尺橫1·21公尺　蛀

熱河圖十一幅　墨印紙本　每幅縱0·32公尺橫0·49公尺

案各幅相同

熱河至察罕驛站圖一幅　彩繪紙本　縱1·27公尺橫0·79公尺　滿文

木蘭圍塲圖一幅　彩繪紙本　縱3·8尺橫3·5尺　滿漢文　蛀　破

張家口外各地名圖一幅　彩繪紙本　縱1·51公尺橫7·58公尺　滿文

古北口至西拉扎布領圖一幅　彩繪絹本　縱1·79公尺橫1·48公尺　滿文

以上直隷

江南全省輿圖一幅　彩繪紙本　縱3•3尺橫3•1尺

江南圖十一幅　墨印紙本　縱0•39公尺橫0•34公尺

案各幅相同內一幅簽註「江南圖一卷計十二張」原缺一幅。

江省全圖一册　彩繪紙本　每葉縱0•4公尺橫0•55公尺

江南全省營汎圖一册　彩繪絹本　每葉縱0•27公尺橫0•19公尺

以上江南

山西全省輿圖一幅　彩繪綾本　縱17•9尺橫9尺

山西全省輿圖一幅　彩繪紙本　縱3•5尺橫2•3尺

山西省全圖一幅　彩繪絹本　縱1•8公尺橫1•49公尺

山西通省輿圖一幅　彩繪絹本　縱1•73公尺橫0•89公尺

山西全省邊腹圖一幅　彩繪絹本　縱1•58公尺橫1•56公尺

案此圖原題「陝西全省邊腹圖」，查圖中所註滿漢文地名，均屬山西省。知原題「山」誤作「陝」。

山西圖十一幅　墨印紙本　每幅縱0•37公尺橫0•25公尺

案各幅相同內一幅簽註「山西圖一卷計十二張」。原缺一幅。

大同鎮圖本一册　彩繪絹本　每葉縱1•5尺橫1•28尺　滿漢文　蛀　破

南山圖本一册　彩繪絹本　每葉縱1•5尺橫1•28尺

右圖二册，與宣府鎮圖本居庸關圖本二圖原編一目，題「居庸南山宣府大同等處圖四册」，各册封面蓋有「巡按宣大監察御史」印。

沁州屬圖一幅　彩繪綾本　縱3•5尺橫3•95尺

山西西路邊垣圖一册　彩繪絹本　每葉縱1•43尺橫2•23尺

山西中路邊垣圖一册　彩繪絹本　每葉縱1•4尺橫2•2尺

山西東路邊垣圖一册　彩繪絹本　每葉縱1•37尺橫2•21尺

右圖三册原註「巡按山西監察御史劉嗣美進」

以上山西

山東全省輿圖一幅　彩繪紙本　縱2•1尺橫3尺

山東全省輿圖一幅　墨繪紙本　縱8•1尺橫16•3尺

山東通省輿圖一幅　彩繪絹本　縱1•24公尺橫2•35公尺
山東圖十一幅　墨印紙本　每幅縱0•22公尺橫0•38公尺
案各幅相同。內一幅簽註「山東圖一卷計十二張」，原缺一幅。
山東濟南府圖一幅　墨繪紙本　縱5•3尺橫5•2尺
山東兗州府圖一幅　墨繪紙本　縱4•7尺橫7•5尺
山東東昌府圖一幅　墨繪紙本　縱4•6尺橫3•2尺
山東青州府圖一幅　墨繪紙本　縱5•4尺橫3•7尺
山東登州府圖一幅　墨繪紙本　縱4•尺橫同
山東萊州府圖一幅　墨繪紙本　縱4•尺橫3•95尺

以上山東

河南全省輿圖一幅　彩繪紙本　縱3•1尺橫同
豫省全圖一份四册　彩繪絹本　每葉縱0•33公尺橫同　內一册蛀
河南圖五幅　墨印紙本　每幅縱0•33公尺橫同

案各幅相同。內一幅簽註「河南一卷計六張」原缺一幅

河南等處圖一幅 彩繪絹本 縱1公尺橫1·65公尺

河南路程圖一幅 彩繪絹本 縱3·63公尺橫3·94公尺

歸德府屬圖一幅 彩繪絹本 縱4·9尺橫5尺

以上河南

陝西全省輿圖一幅 彩繪紙本 縱4·4尺橫5尺

陝西輿圖一幅 彩繪絹本 縱1·14公尺橫0·74公尺 破

陝西圖十一幅 墨印紙本 每幅縱0·47公尺橫0·54公尺

案各幅相同

陝西通省邊鎮圖一幅 彩繪絹本 縱5尺橫同

陝西延綏鎮圖一幅 彩繪絹本 縱5·3尺橫5·5尺

陝西五邊道里圖一幅 彩繪絹本 縱1·15尺橫21尺

陝西興安府地圖一幅 彩繪紙本 縱0·28公尺橫0·46公尺

陝西商州地圖一幅　彩繪紙本　縱0•28公尺橫0•46公尺

右圖二幅，圖面均註：「臣舒興阿敬繪字樣。圖中復以紙簽貼記官兵在陝西各地駐紮情形。知此圖爲舒興阿總督陝甘時所繪進者。圖面另有朱書「二年三月」四字。考查淸史稿二百六疆臣年表舒興阿任陝甘總督時，在咸豐元年至二年。則「二年三月」當爲咸豐二年三月。

以上陝西

甘肅鎭圖一幅　彩繪紙本　縱4•8尺橫9•1尺

寧夏鎭全圖一幅　彩繪絹本　縱6•1尺橫16•2尺

蘭州至固關道里圖一幅　彩繪紙本　縱5•1尺橫10尺

甘肅至哈薩克輿圖一幅　彩繪紙本　漢文　殘破

惠回堡圖一幅　彩繪絹本　縱3尺橫2•7尺

以上甘肅

浙江全省輿圖一幅　彩繪紙本　縱2•4尺橫2•3尺

浙江通省輿圖一幅　彩繪絹本　縱0•6公尺橫0•76公尺

浙江輿圖一幅　彩繪紙本　縱0•47公尺橫0•6公尺
浙江輿圖一幅　彩繪紙本　縱0•51公尺橫0•66公尺
浙江圖十一幅　墨印紙本　每幅縱0•25公尺橫0•25公尺
案各幅相同。內一幅註「浙江圖一卷計十二張」，原缺一幅。
浙省滿營教場圖一幅　彩繪絹本　縱0•58公尺橫0•6公尺
浙江程站圖說一卷　彩繪紙本　縱0•42公尺橫2•24公尺
杭州府輿圖一幅　彩繪絹本　縱0•35公尺橫0•46公尺
嘉興府輿圖一幅　彩繪絹本　縱0•35公尺橫0•46公尺
湖州府輿圖一幅　彩繪絹本　縱0•35公尺橫0•46公尺
寧波府輿圖一幅　彩繪絹本　縱0•35公尺橫0•46公尺
紹興府輿圖一幅　彩繪絹本　縱0•35公尺橫0•46公尺
台州府輿圖一幅　彩繪絹本　縱0•35公尺橫0•46公尺
金華府輿圖一幅　彩繪絹本　縱0•35公尺橫0•46公尺

衢州府輿圖一幅　彩繪絹本　縱0•35公尺橫0•46公尺

嚴州府輿圖一幅　彩繪絹本　縱0•35公尺橫0•46公尺

温州府輿圖一幅　彩繪絹本　縱0•35尺橫公0•46公尺

處州府輿圖一幅　彩繪絹本　縱0•35公尺橫0•46公尺

紹興府全圖一幅　彩繪絹本　縱0•68公尺橫1•04公尺

右圖十一幅，原在一包內。圖地，圖色，及圖之大小均同，當爲同時繪進者。

以上浙江

江西全省輿圖一幅　彩繪紙本　縱3•3尺橫2•6尺

江西圖十一幅　墨印紙本　每幅縱0•36公尺橫0•28公尺

案各幅相同。內一幅簽註「江西圖一卷計十二張」，原缺一幅。

封禁山圖一幅　彩繪紙本　縱3•8尺橫3•25尺

以上江西

光緒湖北輿地圖一份四册　墨印紙本　每葉縱0•35公尺橫0•49公尺

卷首記「營務處展拓石印本。辛丑年善後局付梓」字樣。

案光緒辛丑係二十七年。

光緒湖北輿地記一份二十四册 墨印紙本

光緒二十年湖北輿地局纂刊。

湖廣全省輿圖一幅 彩繪紙本 縱4·8尺橫3尺

湖廣圖十幅 墨印紙本 每幅縱0·52公尺橫0·46公尺

案各幅相同。內一幅墨註「湖廣圖一卷計十二張」原缺二幅。

以上湖廣

四川全省輿圖一幅 彩繪紙本 縱3·8尺橫4·6尺

四川全省輿圖一幅 彩繪綾本 縱18·6尺橫17·4尺

四川圖十一幅 墨印紙本 每幅縱0·41公尺橫0·51公尺

內一幅簽註「四川圖一卷計十二張」原缺一幅

御賜四川全圖一卷 墨印紙本 縱0·41公尺橫0·51公尺

案此圖與四川圖同，惟四川圖未裝裱，此圖則裝成手卷。且簽題「四川巡撫臣年羹堯敬裝康熙戊戌年四月八日積雪齋恭識」字樣。

西蜀通省便覽圖一册 彩繪絹本 每葉縱1·65尺橫2·24尺

四川成都府至化林營圖一份六幅 彩繪紙本 每幅縱3尺橫2·4尺 蛀

化林營至熱水塘喇嘛寺圖一份六幅 彩繪紙本 每幅縱3尺橫2·4尺 蛀

四川至打箭爐圖一幅 彩繪紙本 縱3·8尺橫5·3尺

康熙四十八年十一月繪進。

四川西藏等處圖一幅 墨印紙本 縱1公尺橫2·54公尺 滿漢文 蛀

四川雲南西藏等處圖一幅 彩繪紙本 縱2·9尺橫同

建昌普雄涼山全圖一幅 彩繪絹本 縱3尺橫4·2尺

以上四川

福建全省輿圖一幅 彩繪紙本 縱3·5尺橫3尺

福建圖十一幅 墨印紙本 每幅縱0·38公尺橫0·33公尺

案各幅相同。內一幅簽註「福建圖一卷計十二張」，原缺一幅。

以上福建

廣東全省輿圖一幅　彩繪紙本　縱4•2尺橫4•9尺

廣東全省圖一幅　彩繪絹本　縱6•7尺橫6尺

廣東全省圖一幅　彩繪紙本　縱7•9尺橫10尺

廣東圖十一幅　墨印紙本　縱0•45公尺橫0•54公尺

案各幅相同。內一幅簽註「廣東圖一卷計十二張」，原缺一幅。

廣東圖一幅　彩繪紙本　縱1•1公尺橫1•48公尺

廣東各府輿圖幷說一册　彩繪紙本　每葉縱1•3尺橫1•27尺

廣東各府輿圖一册　彩繪紙本　每葉縱1•4尺橫1•37尺

廣肇二府圍基圖一幅　彩繪絹本　縱2尺橫5•7尺

廣東廣州府圖一幅　彩繪絹本　縱3•3尺橫3•2尺

廣州府輿圖一册　彩繪絹本　每葉縱1•6尺橫2•2尺

南雄韶州二府輿圖一册　彩繪絹本　每葉縱1・6尺橫2・2尺

廣東韶州府輿圖一幅　彩縱紙本　縱3・3尺橫3・2尺

廣東南雄府圖一幅　彩繪絹本　縱3・3尺橫3・2尺

廣東惠州府圖一幅　彩繪絹本　縱3・3尺橫3・2尺

惠州府輿圖一册　彩繪絹本　每葉縱1・6尺橫2・2尺

廣東潮州府圖一幅　彩繪絹本　縱3・3尺橫3・2尺

潮州府輿圖一册　彩繪絹本　每葉縱1・6尺橫2・2尺

廣東肇慶府圖一幅　彩繪絹本　縱3・3尺橫3・2尺

肇慶府輿圖一册　彩繪絹本　每葉縱1・6尺橫2・2尺

高州廉州二府輿圖一册　彩繪絹本　每葉縱1・6尺橫2・2尺

廣東高州府圖一幅　彩繪絹本　縱3・3尺橫3・2尺

廣東廉州府圖一幅　彩繪絹本　縱3・3尺橫3・2尺

雷州府羅定州輿圖一册　彩繪絹本　每葉縱1・6尺橫2・2尺

廣東雷州府圖一幅　彩繪絹本　縱3•3尺橫3•2尺

廣東瓊州府圖一幅　彩繪絹本　縱3•2尺橫3•3尺　破

瓊州府輿圖一册　彩繪絹本　每葉縱1•6尺橫2•2尺

廣東羅定州圖一幅　彩繪絹本　縱3•3尺橫3•2尺　破

城綏義寧苗疆全圖一幅　彩繪絹本　縱1•77公尺橫1•07公尺

廣東廣西安南三不要圖一幅　彩繪絹本　縱2•4尺橫3尺

此圖右上方又題「廣東廣西與安南交界三不要圖」。

廣東廣西勘定中越邊界全圖一幅　彩繪絹本　縱0•82公尺橫1•06公尺

以上廣東

廣西全省輿圖一幅　彩繪紙本　縱2•6尺橫3•9尺

廣西全省輿圖一幅　彩繪綾本　縱10•9尺橫19尺

廣西圖十一幅　墨印紙本　每幅縱0•6公尺橫0•42公尺

案各幅相同內一幅簽註「廣西圖一卷計十二張」，原缺一幅。

廣西雲南貴州三省交界圖一幅　彩繪絹本　縱2•5尺橫3•1尺

廣西省與安南國交界各營汎關隘圖一幅　彩繪紙本　縱2•45尺橫3•4尺

案蘿圖薈萃及清宮史續編圖繪門均錄有「廣西與安南交界營汎關隘圖」一目。清宮史續編更於圖目之下註「絹本，縱二尺四寸五分，橫三尺四寸」，今以原圖校舊目，圖名雖略有出入，而版本及尺度大小均相符合。疑舊目所錄者，即指此圖。圖名所以不符者，或編目時脫字耳。

廣西桂林府屬州縣册說一册　彩繪絹本　每葉縱1•7尺2•15尺

廣西柳州府屬州縣册說一册　彩繪絹本　每葉縱1•7尺2•15尺

廣西慶遠府屬州縣册說一册　彩繪絹本　每葉縱1•7尺2•15尺

廣西思恩府屬州縣册說一册　彩繪絹本　每葉縱1•7尺2•15尺

廣西梧州府屬州縣册說一册　彩繪絹本　每葉縱1•7尺2•15尺

廣西潯州南寧府屬州縣册說一册　彩繪絹本　每葉縱1•7尺2•15尺

廣西太平府屬州縣册說一册　彩繪絹本　每葉縱1•7尺2•15尺

右圖七册。圖地，圖色，裝潢相同，當爲同時繪進者。

廣西泗城府疆域圖一幅　彩繪絹本　縱2尺橫2•5尺

廣西鎭南關城全圖一幅　彩繪絹本　縱0•35公尺橫0•59公尺

以上廣西

雲南全省輿圖一幅　彩繪絹本　縱7尺橫9尺

雲南全省輿圖一幅　彩繪紙本　縱3•4尺橫4尺

雲南全省圖一册　彩繪絹本　每葉縱0•4公尺橫0•53公尺

雲南圖十一幅　墨印紙本　每幅縱0•37公尺橫0•44公尺

案各幅相同。內一幅簽註「雲南圖一卷計十二張」，原缺一幅。

雲南省各府總輿地圖一册　彩繪絹本　每葉縱1•8尺橫1•2尺

雲南省至崑崙關輿圖一幅　彩繪綾本　縱1公尺橫0•86公尺

雲南永北府烏斯藏道里圖一幅　彩繪絹本　縱2•5尺橫1•9尺

烏蒙府輿圖一幅　彩繪絹本　縱3•4尺橫1•9尺

烏蒙地方等處圖一幅　彩繪紙本　縱0•95公尺橫1•2公尺

烏蒙鎭圖一幅　彩繪紙本　縱4尺橫同

以上雲南

貴州全省輿圖一幅　彩繪絹本　縱8•2尺橫8•6尺

貴州全省輿圖一幅　彩繪紙本　縱3•8尺橫4•6尺

貴州全省輿圖一幅　彩繪絹本　縱0•53公尺橫0•64公尺

貴州圖一幅　彩繪紙本　縱9尺橫11尺

貴州圖十一幅　墨印紙本　每幅縱0•35公尺橫0•38公尺

案各幅相同。內一幅簽註「貴州圖一卷計十二張」原缺一幅。

貴州營汎全圖一幅　彩繪紙本　縱2•9尺橫5•9尺　破

黔省驛遞道路圖一册　彩繪紙本　每葉縱1•25尺橫1•7尺

巡撫貴州兼都理川東等處地方都察院右副都御史佟鳳彩呈。案原圖未註呈進時代。據清史稿佟鳳彩傳：「佟鳳彩……康熙六年起貴州巡撫。疏言驛站累民，而貴州尤苦。層山峻嶺，俗言地無三里平。行一站馬則蹄瘤脊爛。夫則足破肩穿。應於重安江，楊老舖，黃絲舖，盤江坡，江西坡，輭橋坡等六處，增置腰站……」。今查圖中在重安江…等六處地名旁皆有簽註。記各驛站距離，地勢險要及增置腰站等事，知此圖爲上疏時附進者。

黔省下遊新闢苗疆圖一幅　彩繪絹本　縱1·83公尺橫1·5公尺

貴州廣西等處圖一幅　彩繪紙本　縱1·6公尺橫1·13公尺

貴州苗子圖一幅　彩繪紙本　縱6·6尺橫9·3尺

貴州苗子圖一幅　彩繪紙本　紙3·7尺橫6·7尺

案右圖二幅，原編一號註「貴州苗地圖二幅」

貴州威寧府圖一幅　彩繪絹本　縱3·1尺橫4·6尺

以上貴州

歸化城等處道里圖一幅　彩繪紙本　縱3尺橫6·4尺　滿文

土爾扈特圖一幅　彩繪紙本　縱0·95公尺橫2公尺　滿文

厄爾素圖一幅　彩繪紙本　縱0·89公尺橫3·77公尺

以上蒙古

西藏全圖一幅　彩繪紙本　縱1•8尺橫2•9尺

三藏分界圖一幅　彩繪紙本　縱3•7橫6•9尺　滿漢文

前後藏圖一幅　彩繪紙本　縱1公尺橫同　滿文　蛀

三藏卡倫圖一幅　彩繪布本　縱3•7尺橫6•7尺　滿文

藏南暨所屬哲孟雄布魯克巴部落地方形勢圖說　彩繪布本　縱0•84公尺橫1•69公尺

西藏至塔兒寺圖一幅　彩繪紙本　縱0•66公尺橫1•34公尺　滿漢文　蛀

西寧至達賴喇嘛地方圖一幅　彩繪絹本　縱3•1尺橫4•2尺　滿文　蛀

以上西藏

新疆輿圖一册　彩繪紙本　每葉縱0•31公尺橫0•38公尺

伊犁圖二幅　彩繪紙本　每幅縱1•52公尺橫4•1公尺　滿文

伊犁分界圖一幅　彩繪紙本　縱0•22公尺橫0•38公尺

此圖原題「崇厚寄來伊犂分界圖」。圖中又註「此照章京文惠所畫之圖，照舊貼說…與布使所遞之分界說細核…」等字樣。知爲崇厚辦理中俄伊犂交涉時所繪進者。據光緒東華錄崇厚出使俄國辦理伊犁交涉時，在光緒四年。此圖當爲是年所寄來者。

伊犁分界圖一幅

彩繪紙本　縱0•22公尺橫0•3公尺

此圖原題「崇厚寄來照俄國兵部所繪伊犁分界圖」。而圖地，圖色，繪法，及字跡等均與伊犁分界圖同。疑兩圖爲同時寄來者。

伊犁回部等處圖一份四册

彩繪紙本　凡四排　每排縱1尺橫6•7尺　滿文　蛀

此圖原題「福寧安畫來伊犁回部等處圖」據淸史稿阿蘭泰傳，福寧安自康熙五十六年受任靖逆將軍後，即駐節新疆。迄雍正四年還朝。此圖疑爲福氏駐節新疆時繪進者。

伊犁至塔爾巴哈台堆立鄂博以備安設卡倫台站圖一幅

縱1•86公尺橫2•69公尺　滿文

阿爾台分界圖一幅

彩繪紙本　縱3•3尺橫4尺　滿文

阿爾泰分界圖一幅

彩繪紙本　縱2尺橫1尺　滿文

阿爾泰交界圖一幅

彩繪布本　縱4•4尺橫6尺　滿文

阿爾泰衣里等處圖二幅

彩繪紙本　一縱4•8尺橫7•6尺　一縱2•8尺橫4•4尺　滿漢文　蛀

*阿爾泰至伊犂等處圖一幅　彩繪紙本　縱1·公尺橫1·78公尺　滿文

*土爾番等處圖一份二幅　墨印紙本　每幅縱1·52公尺橫2公尺　滿文

哈密全圖一幅　彩繪紙本　縱3·9尺橫4·4尺

哈密圖十一幅　墨印紙本　每幅縱0·62公尺橫0·72公尺

案各幅相同。內一幅簽註「哈密圖一卷計十二張」，原缺一幅。

伊犂至哈密地圖一幅　彩繪紙本　縱1·39公尺橫2·5公尺　滿文　蛀

自烏里雅蘇台至烏魯木齊卡倫台站圖一幅　彩繪紙本　縱0·81公尺橫1·64公尺

新設安西全鎮內外境汛輿圖一幅　彩繪絹本　縱1·14公尺橫1·48公尺

促侵儹拉圖一幅　彩繪絹本　縱2·6尺橫3·2尺　蛀

以上新疆西域

朝鮮全圖一幅　彩繪紙本　縱3·4尺橫2·5尺

朝鮮圖十一幅　墨印紙本　每幅縱0·54公尺橫0·4公尺

案各幅相同。內一幅簽註「朝鮮圖一卷計十二張」原缺一幅。

琉球國全圖一幅 彩繪絹本 縱0•81公尺橫1•47公尺 蛀

琉球國都圖一幅 彩繪絹本 縱0•81公尺橫1•47公尺 蛀

右圖二幅，原註「翰林院侍講周煌繪進。據乾隆二十二年十二月十八日周煌奏爲纂修琉球國志略摺內所載，知二圖爲當時附摺繪進者。

諒山畫界形勢圖一幅 彩繪絹本 縱0•81公尺橫0•44公尺

以上藩屬各國

俄羅斯圖一卷 彩繪紙本 縱2•5尺橫3•7尺 蛀

俄羅斯圖一卷 彩繪布本 縱0•38公尺橫0•54公尺 蛀

右圖二幅，均爲俄文，並各附滿文簽釋。

日本各郡及山川道里說明二卷 寫本

以上外國

都城宮苑

京城全圖二份　墨繪紙本

內一份全，裝成五十一冊，分東中西三排，每排十七冊。縱2·2尺。橫東西排13尺，中排16·2尺。

一份殘缺，存三十七卷。縱橫同前。

北京城圖一幅　彩繪紙本　縱3·5尺橫2·7尺

案原簽題「北京全省輿圖」。圖內原註「北京城圖」

京城圖式一幅　彩繪紙本　縱0·9公尺橫0·68公尺

京城圖式一幅　彩繪紙本　縱0·71公尺橫0·67公尺

右圖二幅，原編一目。圖上皆有黃紙簽註。前者註城門名稱。後者註城內馬隊駐紮情形。二者內容不同，故分別編列。

北京城圖一幅　彩繪紙本　縱0·97公尺橫0·98公尺

乾清門至太和門圖一幅　墨繪紙本　縱1·2公尺橫0·93公尺

午門至天安門圖一幅　墨繪紙本　縱1·29公尺橫0·93公尺

天安門至大淸門圖一幅　墨繪紙本　縱15•5公尺橫0•93公尺

景山圖一幅　墨繪紙本　縱1公尺橫0•82公尺

北海圖一幅　彩繪紙本　縱1•71公尺橫1•19公尺

中海圖一幅　彩繪紙本　縱1•53公尺橫1•19公尺

南海圖一幅　彩繪紙本　縱2•13公尺橫1•61公尺

右圖八幅，原爲一包。簽註「紫禁城圖一捲」。

武英殿各座殿宇房間牆垣月台丹陛等工地盤式樣一幅　彩繪紙本

縱0•82公尺橫0•63公尺

怡賢親王府第地盤畫樣一幅　墨繪紙本　縱0•78公尺橫0•61公尺

鄭獻親王府第及西所花園底盤畫樣一幅　墨繪紙本　縱0•53公尺橫0•69公尺

南海子圖一幅　彩繪絹本　縱6•7尺橫7•6尺

錦春園圖樣一幅　彩繪絹本　縱0•45公尺橫0•85公尺

萬春園圖一幅　彩繪紙本　縱1•公尺橫0•68公尺

風土 附耕織圖

臺灣內山番地風俗圖一份二册 彩繪絹本 每葉縱0•3公尺横0•33公尺

廣東黎人圖一册 彩繪絹本 每葉縱0•32公尺横0•31公尺 缺

雲南玀玀圖一册 彩繪絹本 每葉縱1•25尺横0•79尺

耕織圖三册

內一册全，墨繪紙本 每葉縱0•29公尺横0•2公尺 餘分上下兩册。墨印紙本 每葉縱0•24公尺横同

江海

乾坤一統海防全圖一份十幅　彩繪絹本　每幅縱5•35尺橫1•9尺

明萬曆三十三年徐必達進

案原題簽及輿圖房圖目均題：「明徐必達海防圖」。圖內原註「乾坤一統海防全圖」

海防圖一份二册　附表一册　彩繪絹本

黃爵滋進。

案清史稿黃爵滋傳：「黃爵滋道光三年進士。十五年英艦屢至閩浙江南山東洋面游奕，測繪山川地圖。爵滋疏言籌設海防。」今查圖中所繪，多爲海防設備。疑爲是年附疏進呈者。

東洋南洋海道圖一幅　彩繪紙本　縱5•4尺橫4•2尺　蛀破

福建水師提督施世驃進。

案清史列傳卷十二，施世驃任福建水師提督時，在康熙五十一年至六十年，此圖當即是時繪進者。

西南洋各番針路方向圖一幅　彩繪紙本　縱2•25尺橫2•56尺

覺羅滿保進

案淸史稿覺羅滿保傳：「覺羅滿保康熙三十年進士…。五十年授福建巡撫…五十四年擢福建浙江總督，命巡海。…雍正三年卒官。…」此圖疑爲滿保在福建巡撫或福建浙江總督任內繪進者。

江海墩臺營汛圖一卷　彩繪絹本　縱0・92尺橫4尺

蓋州至暹邏沿海圖一幅　彩繪紙本　縱0・68公尺橫0・64公尺

亭温至東海圖一幅　彩繪紙本　縱3・1尺橫4・8尺

粤東沿海圖一幅　彩繪絹本　縱1・75尺橫37・2尺　蛀破

澳門圖一幅　油繪布本　縱3・2尺横5・8尺　滿文

案淸宮史續編圖繪門及輿圖房圖目均有「西洋畫澳門圖」一目。註油布本縱三尺二寸横五尺八寸。

今查此圖版本及大小均與之相符合。舊目所載當即此圖。

山東江南浙江福建四省沿海圖一幅　彩繪絹本　縱4・9尺橫13・9尺　殘破

福浙兩省江海砲台式樣圖一幅　彩繪絹本　縱0・9尺橫26・75尺

浙閩沿海全圖一幅　彩繪紙本　縱0・57公尺橫0・78公尺

福建省沿海圖一幅　彩繪絹本　縱0・5公尺橫0・67公尺

臺灣澎湖海洋巡防全圖一幅　彩繪絹本　縱3•3尺橫15•3尺

澎湖臺灣海道圖一幅　彩繪紙本　縱4•3尺橫4•2尺

澎湖圖一幅　彩繪紙本　縱3•2尺橫5•7尺

浙江省沿海全圖一幅　彩繪綾本　縱0•35公尺橫0•58公尺

浙江定海圖一幅　彩繪綾本　縱3•1尺橫3•5尺

浙海舟山形勢圖一幅　彩繪絹本　縱3•1尺橫同　蛀　破

松江海塘圖一幅　彩繪絹本　縱0•4公尺橫0•71公尺

錢塘江圖一幅　彩繪絹本　縱0•47公尺橫0•65公尺

案此圖原題簽有二：一題「山水形勢圖」。一題「錢塘江圖」。依其內容，名從後者。

海塘圖說一册　紙寫本　蛀　破

浙省江海塘全圖一卷　彩繪絹本　縱0•6公尺橫0•8公尺

海塘全圖一卷　彩繪紙本　縱0•47公尺橫0•7公尺

海塘全圖一卷　彩繪絹本　縱0•68公尺橫1公尺

浙江海塘圖一卷　彩繪絹本　縱0•29公尺橫1•31公尺
原題簽旁註「雍正十三年沙水情形」

浙省海塘安瀾圖一卷　彩繪絹本　縱0•53公尺橫0•72公尺
原題簽旁註「雍正十三年」

浙省海塘安瀾圖一卷　彩繪絹本　縱0•74公尺橫0•64公尺
原題簽旁註「乾隆二年」

浙江海塘圖一卷　彩繪絹本　縱0•29公尺橫1•31公尺
原題簽旁註「乾隆二十年沙水情形」

浙江海塘圖一卷　彩繪絹本　縱0•29公尺橫1•3公尺
原題簽旁註「乾隆二十四年沙水情形」

浙江海塘圖一卷　彩繪絹本　縱0•19公尺橫1•32公尺
原題簽旁註「乾隆二十七年沙水情形」

江工河圖一幅　彩繪絹本　縱1•35尺橫3尺　蛀破

新漲沙圖一幅　彩繪絹本　縱0•46公尺橫0•58公尺　蛀

武昌江岸圖一幅　彩繪絹本　縱1•6尺橫2•1尺

安陸襄江圖一幅　彩繪絹本　縱1•6尺橫1•45尺

長江圖一幅　墨繪紙本　縱0•53公尺橫1•19公尺

長江形勢圖一卷　彩繪絹本　縱1•9尺橫6•7尺

南昌府江湖圖一幅　彩繪絹本　縱1•7尺橫1•6尺

山東沿海輿圖一幅　彩繪絹本　縱2•7尺橫4•9尺

山東至朝鮮海運圖一幅　彩繪絹本　縱6尺橫6•5尺

天津衛海道運粮圖一幅　彩繪絹本　縱3•1尺橫6•4尺

旅順海島圖一幅　彩繪紙本　縱4•2尺橫2尺　漢滿文

海參崴圖一幅　彩繪紙本　縱0•34公尺橫同

海運船圖一幅　彩繪絹本　縱2•1尺橫4尺

御舫圖一册　彩繪絹本　每葉縱0•33公尺橫0•34公尺　破

河渠

城內河道溝渠全圖一幅　彩繪紙本　縱1公尺橫0•99公尺

城河工程繪圖貼說一幅　彩繪紙本　縱0•7公尺橫0•55公尺

河湖圖說四卷　彩繪紙本　內兩卷縱0•4公尺橫2•1公尺　兩卷縱0•4公尺橫1•9公尺

南河新圖一幅　彩繪絹本　縱1•28公尺橫1•66公尺　蛀

江南河工雜圖四幅　彩繪紙本

一縱0•14公尺橫0•92公尺　一縱0•43公尺橫0•8公尺　一縱0•43公尺橫1公尺　一縱0•26公尺橫0•48公尺

***江南河工圖一册**　彩繪絹本　每葉縱0•23公尺橫0•28公尺

案此圖原註「金灣滾壩一冊」。查內容爲江南各處河工圖。故改名。

又案原圖不註繪進人名及時代。據圖中木龍圖說載：「乾隆五年臣叔高斌推廣聖意，請建木龍，護灘挑溜。臣惟有凜遵聖訓，倍加謹守。……謹繪圖貼說，恭陳御覽。並敬謹預備，伏候聖駕臨工訓示。」知圖爲高斌之任高晉任江南河道總督籌辦河工時繪進者。考清史稿疆臣年表，高晉任江南河道總督時，在乾隆二十六年三月至三十年三月。圖中淸口東西壩圖說中又載：「……乾隆二十七年春，恭逢翠華南幸，親巡規畫，……三載以來，臣欽遵辦理」。據此推算，此圖當爲高晉於乾隆三十年繪進者。

瓜州新河圖一幅　彩繪絹本　縱0•25公尺橫0•3公尺　蛀　破

高堰圖一册　彩繪紙本　縱0•24公尺橫3•9公尺

高堰石壩圖一幅　彩繪紙本　縱0•54公尺橫1•1公尺　蛀　破

江浙太湖輿圖一册　彩繪絹本　縱0•35公尺橫1•06公尺　蛀

南康府鄱陽湖圖一幅　墨繪紙本　縱3•6尺橫1•85尺　蛀　破

禹王台圖一幅　彩繪絹本　縱0•23公尺橫0•42公尺

十字河竹絡壩圖一幅　彩繪絹本　縱0•23公尺橫0•42公尺

駱馬湖圖一幅　彩繪絹本　縱0•23公尺橫0•42公尺

朱家閘引河圖一幅　彩繪絹本　縱0•23公尺橫0•42公尺

九里崗埽工圖一幅　彩繪絹本　縱0•23公尺橫0•42公尺

劉老淵石壩王營減壩圖一幅　彩繪絹本　縱0·23公尺橫0·42公尺
鹽河圖一幅　彩繪絹本　縱0·23公尺橫0·24公尺
楊家莊運河圖一幅　彩繪絹本　縱0·23公尺橫0·42公尺
清口運口圖一幅　彩繪絹本　縱0·23公尺橫0·42公尺
御壩木龍圖一幅　彩繪絹本　縱0·23公尺橫0·42公尺
洪澤湖圖一幅　彩繪絹本　縱0·23公尺橫0·42公尺
高寶各壩下河圖一幅　彩繪絹本　縱0·23公尺橫0·42公尺
芒稻河歸江各路閘壩圖一幅　彩繪絹本　縱0·23公尺橫0·42公尺
瓜洲江工圖一幅　彩繪絹本　縱0·23公尺橫0·42公尺
京口江口圖一幅　彩繪絹本　縱0·23公尺橫0·42公尺
三滾壩天然壩蔣家閘圖一幅　彩繪絹本　縱0·23公尺橫0·42公尺
毛城鋪減水壩圖一幅　彩繪絹本　縱0·23公尺橫0·42公尺
王家山天然閘圖一幅　彩繪絹本　縱0·23公尺橫0·42公尺

峯山四閘圖一幅　彩繪絹本　縱0•23公尺橫0•42公尺

黃河海口圖一幅　彩繪絹本　縱0•23公尺橫0•42公尺

右圖二十幅，原在一包內。外有黃紙套，註「河工雜圖二十張」。

岷江打冲河源圖一幅　彩繪紙本　縱3•1尺橫2•5尺

岷江打冲河源圖九幅　墨印紙本　每幅縱0•53公尺橫0•42公尺

案各幅相同內一幅簽註「岷江打冲河源圖一卷計十張」，原缺一幅。

黃河發源圖一幅　彩繪紙本　縱3•8尺橫3•2尺

黃河源圖五份　每份五葉　紙本　滿漢文　每葉縱0•54公尺橫0•68公尺

內一份彩繪爲乾隆四十七年阿彌達進。餘四份墨印

河源圖十幅　墨印紙本　每幅縱0•31公尺橫0•34公尺

案各幅相同內一幅簽註「河源圖十一張」。原缺一幅。

河套圖一幅　彩繪紙本　縱3•1尺橫2•5尺

豫東二省黃河全圖一册　彩繪絹本　縱0•25公尺橫1•19公尺　蛀破

豫東黃運兩河情形全圖一份三册　彩繪絹本

內兩册縱0•24公尺橫2•88公尺　一册縱0•24公尺橫1•37公尺

豫東黃河南北兩岸界方總圖一册　彩繪紙本　縱0•26公尺橫3•45公尺

河南懷慶府武陟縣沁河水災圖一幅　彩繪紙本　縱0•14公尺橫0•43公尺

河南開歸陳所屬十五州縣黃河水災圖一幅　彩繪紙本　縱0•64公尺橫0•61公尺

河南衛輝府滑縣漫水現已涸復圖一幅　彩繪紙本　縱0•43公尺橫同

右圖三幅均註河南巡撫倪文蔚繪進。

案清史列傳卷五十九，倪文蔚任河南巡撫時，在光緒十三年五月至光緒十六年六月。則各圖當爲是時繪進者。

鄭下汎决口簡明形勢圖一幅　彩繪紙本　縱0•33公尺橫同

鄭下汎漫口各項工程圖一幅　彩繪紙本　縱0•22公尺橫1•5公尺

鄭下汎决口詳細工程圖一幅　彩繪紙本　縱0•21公尺橫1•51公尺

右圖三幅，繪法，圖地，圖色，字體及裝潢均同。且原在一包內。疑爲同時繪進者。

徐州府北門外誌椿情形圖一幅　彩繪紙本　縱0•64公尺橫0•22公尺

安徽潁鳳泗三府州屬黃水經過被災圖說一幅　彩繪紙本　縱0•62公尺橫1•16公尺

江蘇舊黃河擬辦各工圖一幅　彩繪紙本　縱0•41公尺橫4•93公尺

加寬開挖陶莊迤北引河圖一幅　彩繪紙本　縱0•63公尺橫0•6公尺

伊洛諸河圖一幅　彩繪絹本　縱0•54公尺橫0•63公尺

清口海口湖河水勢情形圖一幅　彩繪絹本　縱0•53公尺橫1•41公尺

河湖工程圖說一幅　彩繪絹本　縱0•26公尺橫0•41公尺

徐城石工圖一幅　彩繪絹本　縱0•21公尺橫0•41公尺

御製灤河濡水源考證字橫披圖一卷　彩繪紙本　滿漢文　縱1•75尺橫23尺

考證爲乾隆乙丑仲夏月于敏中奉敕書。

永定河上源河工水利圖式一幅　彩繪紙本　縱0•97公尺橫1•76公尺

永定河上源閱工圖一幅　彩繪紙本　縱0•2公尺橫0•39公尺　蛀

永定河南七工西小堤第四號漫口形勢圖說一幅　彩繪紙本　縱0•46公尺　橫0•62

公尺

滹沱河圖一幅　彩繪紙本　縱0•21公尺橫0•2公尺

新城高苑博興三縣營治稻田水利圖一册　彩繪絹本　縱0•26公尺橫0•31公尺

千里長堤圖一幅　彩繪紙本　縱0•35公尺橫0•42公尺

揚淮溝洫圩圍圖說一册　附奉摺一件　彩繪絹本　每葉縱0•24公尺橫0•31公尺　蛀　破

乾隆二十七年尹繼善陳弘謀進。

正陽迤下淮河圖一幅　彩繪紙本　縱0•68尺橫1•8尺　殘　破

北運河圖一幅　彩繪紙本　縱0•41公尺橫0•58公尺　蛀

山東運河泉源全圖一幅　彩繪絹本　縱0•59公尺橫0•62公尺　蛀

山東運河圖一册　彩繪絹本　每葉縱0•24公尺横0•28公尺　殘

泗河圖一幅　彩繪絹本　縱0•35公尺横0•7公尺　蛀

洪湖運河新舊閘壩各工並擬疏濬河道圖一幅　彩繪紙本　縱0•62公尺横0•93公尺

案原圖不註圖名。封套註「謹將洪湖運河新舊閘壩各工並擬疏濬河道繪圖貼說恭呈御覽」字樣據此擬名。

金沙江瀾滄江發源圖一幅　彩繪紙本　縱2•8尺橫2•3尺

金沙江瀾滄江黑水源圖一份十一幅　墨印紙本　每幅縱0•53公尺橫0•42公尺

色楞厄河圖一幅　彩繪紙本　縱3•43尺橫3•8尺

漳江堤壩圖一幅　彩繪紙本　縱1•1尺橫同

黑龍江源圖一幅　彩繪紙本　縱3•1尺橫2尺

黑龍江口圖一幅　彩繪紙本　縱2•7尺橫3•9尺

黑龍江中圖一幅　彩繪紙本　縱3•4尺橫3•8尺

烏蘇里江圖一幅　彩繪紙本　縱0•21尺橫1•9尺

黑龍江源圖十一幅　墨印紙本　每幅縱0•55公尺橫0•32公尺

黑龍江中圖十一幅　墨印紙本　每幅縱0•55公尺橫0•32公尺

黑龍江口圖十一幅　墨印紙本　每幅縱0•55公尺橫0•32公尺

烏蘇里江圖十一幅　墨印紙本　每幅縱0•33公尺橫0•3公尺

武　功

盛京事蹟圖十一份　紙本　每份五卷。每卷縱1·5尺橫12·2尺　內一份殘，係彩繪。餘爲乾隆四十三年印本

案右圖舊目入輿地類。考圖中所繪多關戰蹟，故改隸此類。

湖北水操陣勢圖一份二册　彩繪紙本　每葉縱1·8尺橫4·5尺

駐劄湖北荆州府彝陵州城總兵官杜森進。

案湖北通志職官表：順治五年杜森任彝陵州總兵官。此圖當爲是時繪進者。

大兵平定吳應麒圖一幅　彩繪紙本　縱3·8尺橫6·9尺

案大兵平定吳應麒，乃康熙十八年事。據平定三逆方略卷四十三載：「逆賊吳應麒竊踞岳州，堅壘死守，上命多調船兵，飭令察尼等水陸圍困。斷其糧道。逆賊努蹙……。於是月（案係康熙十八年正月）。十八日：吳應麒棄城逃遁。我師遂復岳州…」原圖於岳州東門註「吳應麒」。城周註「提督綠旗」。更於荆河口洞庭湖等處註「大兵糧船」，「大兵沙船」字樣。知爲吳應麒踞岳州時繪進者。

大兵進取岳州圖一幅　彩繪紙本　縱3·3尺橫3尺

案此圖繪法，圖地，圖色及字體皆與前圖同。二圖當爲同時繪進。

大兵圍雲南營圖一幅　彩繪紙本　縱7尺橫8•4尺

案原圖於雲南城外註「征南大將軍賴」及「欽命定遠平寇大將軍彰泰」字樣據平定三逆方略卷五十八載：「康熙二十年四月已酉，彰泰等率大兵圍雲南省城……。」卷六十又載「二十年十一月癸亥，大將軍貝子彰秦賴塔等奏克雲南省城」。知大兵圍雲南時，在康熙二十年四月已酉至十一月癸亥。此圖當爲是時繪進者。

衢州府大兵營盤圖一幅　彩繪紙本　滿漢文　縱2•9尺橫3•3尺

台州府官兵駐劄圖一幅　彩繪紙本　縱2•4尺橫3•2尺

處府府官兵駐劄圖一幅　彩繪紙本　滿漢文　縱3•15尺橫同

右圖三幅，繪法，圖地，圖色與圖中所註滿漢文字體均同。疑爲同時繪進者。

御筆平定西域戰圖十六詠並圖五份　每份三十四葉　墨印紙本　每葉縱1•6尺橫2•8尺

內三份圖詠分刋，各十六葉，序跋各一葉。餘二份圖詠合刋，共十六葉，序跋各一葉。

案原圖不註印製時代。據乾隆御製序載：「西師定功於已夘，越七年丙戌戰圖始成……」知此圖當爲乾隆丙戌(三十一年)所繪製。

御筆平定兩金川得勝圖十六詠並圖七份　每份十六葉　紙本　每葉縱1·6尺橫2·3尺

內一份爲墨繪紙本。有圖無詠。六份爲墨印。

平定金川郊勞圖一幅　墨印紙本　破

兩金川地形全圖一幅　彩繪紙本　縱4·3尺橫4·5尺

大金川賊巢路徑圖一幅　彩繪紙本　縱1·72公尺橫1·98公尺

御筆平定狆苗戰圖四詠九份　每份四葉　墨印紙本　每葉縱1·6尺橫2·8尺

平定臺灣戰圖六份　每份十二葉　紙本　每葉縱1·6尺橫2·8尺

內一份缺五葉，爲墨繪。原簽註「賈全起稿」。「黎明畫稿」等字樣，餘五份爲墨印。

御筆平定安南戰圖六詠九份　每份六葉　紙本　每葉縱1·6尺橫2·8尺

內一份爲墨繪。有圖無詠。原簽註「楊大章繪」。餘八份爲墨印。其中一份原題「御製安南阮惠遣任阮先顯入覲賜宴圖」。題簽旁註「乾隆六十年五月二十四日賜江西巡撫臣陳淮」。

平定廓爾喀戰圖十二份　每份八葉　紙本　每葉縱1·6尺橫2·8尺

內一份墨繪。有圖無詠。原簽註「賈士球起稿黎明接畫馮寧落墨」。餘十一份墨印。

御筆平定苗疆戰圖十六詠九份　每份十六葉　墨印紙本　每葉縱1•6尺橫2•8尺

渾巴什河等處戰圖十四份　每份十葉　紙本　每葉縱1•6尺橫2•8尺

內三份爲墨繪。餘十一份爲墨印。

揚州府水陸輿圖一幅　彩繪紙本　縱0•34公尺橫0•51公尺

案此圖原註「三年四月琦善呈進」。查內容爲琦善陳金綬勝保等攻取揚州之圖。考剿平粵匪方略卷三十三，咸豐三年四月琦善等攻揚州。知爲是時呈進者。

河間府圖一幅　彩繪紙本　縱0•5公尺橫0•61公尺

案此爲僧格林沁勝保達洪阿等圍攻東城鎮之圖。考剿平粵匪方略卷七十六，僧格林沁等圍攻東城鎮爲咸豐四年事，此圖當爲是時繪進者。

僧格林沁圍攻阜城縣圖一幅　墨繪紙本　縱0•58公尺橫同

案原圖未註名稱及繪進時代。查圖之中心爲一城垣。由城垣外向，分畫虛線。註通外路徑及設防情形。東向虛線註「路通連鎮已設地雷」西向虛線註「路通武邑……，」南向虛線註「路通景州，德州……」，北向虛線註「一路通富莊驛……」等字樣。據知是城爲直隸阜城縣。而圖中更於阜城外某一營防處註「欽命參贊大臣科爾沁札薩克多羅郡王僧格林沁」及「侍郎瑞麟」等字樣。又知此圖爲僧格林沁率侍郎瑞麟圍擊阜城之陣勢。考清史稿僧格林沁傳：「僧格林沁於道光五年襲封科爾沁札薩克多羅郡王爵。咸豐三年……林鳳祥李開方等北犯，……詔授爲叅贊大臣。四年李等踞阜城，僧格林沁偕侍郎瑞麟圍擊…」。依圖中簽註，證以傳中所記，則此圖當爲咸豐四年僧格林沁圍擊林鳳祥時繪進者。

勝保等圍攻高唐圖一幅

墨繪紙本　縱0•68公尺橫0•57公尺

案原圖未註名稱及繪進時代。查圖之中心爲一城垣。由城向外分畫虛線。註通外路徑。東向路線註「齊河道」。西向路線註「臨清道夏津道」。南向路線註「恩縣道禹城道」。北向路線註「東昌道」等字樣。據知是城爲山東高唐縣。圖中更於高唐城下簽註「賊地洞」「賊濠」字樣。城外復繪有營防。東北營防處註「奴才勝保善祿營」。西面營防處註「培成那敷德營」。南面營防處註「奴才德勒克色楞營」。知圖爲勝保等圍擊高唐之陣勢。考剿平粵匪方略卷九十三咸豐四年四月勝保奏：「賊踞高唐州城，在城外挖濠，……於東南西三關立柵築壘。仍思起造木城，爲犄角之勢……臣商會德勒克色楞攻其南關。派培成那敷德攻其西關。臣親督官兵攻其東關。同時並進……」。就圖中簽註，證以勝保奏言，此圖當爲咸豐四年勝保等在高唐圍攻太平軍時繪進者。

徐屬黃河兩岸設防情形圖一幅

彩繪紙本　縱0・21公尺橫0・38公尺

案此圖原註：「四年四月二十五日楊以增呈進」。據勦平粵匪方略卷九十載咸豐四年四月十二日諭楊以增在徐州防河。此圖當爲咸豐四年四月二十五日呈進者。

厄爾德尼招大兵戰陣圖一卷

彩繪絹本　縱1・3尺橫1・9尺

巡幸

順河集至崇家灣站圖摺一份十五册　彩繪絹本　每葉縱0•36尺橫0•38尺

乾隆十六年高斌張師載進。

順河集至王家莊站圖摺二册

王家莊至徐家渡站圖摺二册

徐家渡至直隸廠站圖摺三册

直隸廠至平橋站圖摺二册

平橋至劉家堡站圖摺二册

劉家堡至十八堡站圖摺二册

十八堡至崇家灣站圖摺二册

直隸廠至高堰站圖摺一份二册　彩繪絹本　每葉縱0•35尺橫0•39尺

乾隆十六年高斌張師載進。

直隸廠至順河集路程圖摺一份八册　彩繪紙本　每葉縱0•8尺橫0•4尺

乾隆十六年高斌張師載進。

直隸廠至高良澗站圖路程摺一册

高良澗至徐家渡站圖路程摺一册

徐家渡至于家店站圖路程摺一册

于家店至順河集站圖路程摺一册

高良澗至秦家高崗站圖路程摺一份二册　彩繪紙本　每葉縱0·37尺橫0·38尺

乾隆十六年高斌張師載進。

徐家渡至于家店路程圖摺一份二册　彩繪絹本　每葉縱0·36尺橫0·33尺

高斌張師載進。

案此圖與直隸廠至順河集路程圖摺第三站相同。

順河集至信義莊站圖摺一份八册　彩繪絹本　每葉縱0·36尺橫0·37尺

乾隆二十二年尹繼善愛必達進。

順河集至張家莊站圖摺一册

張家莊至賀家樓站圖摺二册

賀家樓至子房山站圖摺二册

行宮至山東信義莊站圖摺二册

鎭江府至江寧府程站圖一份二册 彩繪紙本　每葉縱4·5尺橫同

鎭江府至龍潭棲霞程站圖一册

棲霞至江寧府程站圖一册

案右圖二册，束帶註：「乾隆二十二年」。

宿遷縣至吳江縣路程圖二份 彩繪紙本

案右圖二份，一份爲十九册，與鎭江府至江寧府程站圖，原爲一束。束帶註：「乾隆二十二年」。

每葉縱0·45尺橫同。一份十七册，不註年代。每葉縱橫與前份同。

山東交界至金山站圖摺一份二十六册 彩繪絹本　每葉縱0·36尺橫0·37尺

乾隆二十二年尹繼善白鐘山進。

山東交界至龍泉莊站圖摺二册

龍泉莊至順河集站圖摺二册

順河集至仰化集站圖摺二册

仰化集至魯家莊站圖摺二册

魯家莊至徐家渡站圖摺二册

徐家渡至直隸廠站圖摺二册

直隸廠至平橋站圖摺二册

平橋至劉家堡站圖摺二册

劉家堡至十八堡站圖摺二册

十八堡至崇家灣站圖摺二册

崇家灣至天寧寺站圖摺二册

天寧寺至高旻寺站圖摺二册

高旻寺至金山站圖摺二册

山東曹村至金山站圖摺一份二十四册

彩繪絹本　每葉縱0•11公尺橫0•12公尺

高晋進

山東曹村至龍泉莊站圖摺二册

龍泉莊至順河集站圖摺二册

順河集至林家莊站圖摺二册

林家莊至魯家莊站圖摺二册

魯家莊至徐家渡站圖摺二册

徐家渡至直隸廠站圖摺二册

直隸廠至平橋站圖摺二册

平橋至海棠庵站圖摺二册

海棠庵至崇家灣站圖摺二册

崇家灣至天寧寺站圖摺二册

天寧寺至高旻寺站圖摺二册

高旻寺至金山站圖摺二册

山東交界至高旻寺站圖摺一份十六册　彩繪絹本　殘　每葉縱0·11公尺橫0·83公尺

高晋進

山東交界至龍泉莊站圖摺二册

龍泉莊至順河集站圖摺二册

順河集至林家莊站圖一册

林家莊至陳家莊站圖摺二册

陳家莊至徐家渡站圖一册

徐家渡至直隸廠站圖摺二册

直隸廠至平橋站圖摺二册

崇家灣至天寧寺站圖摺二册

天寧寺至高旻寺站圖摺二册

林家莊至萬年倉站圖摺一份八册　彩繪絹本　每葉縱0·11公尺橫0·12公尺

高晋進

林家莊至順河集站圖摺二册

順河集至王家莊站圖摺二册

王家莊至泇口站圖摺二册

泇口至萬年倉站圖摺二册

案右圖摺三份，皆高晉進。據疆臣年表：高晉於乾隆二十六年三月至三十年三月任江南河道總督。

三十年三月至四十四年正月任兩江總督。考泇口至萬年倉站圖摺載有乾隆二十九年挑濬靳家河水事

。知此圖爲乾隆三十年南巡時進者。

東省水營站圖並節略一份四册　彩繪絹本　每葉縱0・14公尺橫0・72公尺　破

李弘進

案滿洲名臣傳卷四十二李弘傳：李弘於乾隆二十九年六月至三十年三月任河東河道總督。此圖當爲

三十年南巡時繪進者。

崇家灣至平橋站圖摺一份四册　彩繪絹本　每葉縱0・21公尺橫0・12公尺

李奉翰進

崇家灣至海棠菴站圖摺二册

海棠菴至平橋站圖摺二册

直隸廠至平橋站摺一册 紙本

李奉翰進

案國史列傳卷二十李奉翰傳：奉翰於乾隆四十四年正月至五十四年任江南河道總督。

山東恩泉起至江南境御道圖幷志略一份二十八册 彩繪絹本 每葉縱0•42尺橫同

第一站恩泉座落一册

第二站李六店大營一册

第三站住家莊大營一册

第四站崮山大營一册

第五站靈巖座落一册

第六站小新莊大營一册

第七站魏家莊大營一册

第八站中水大營一册
第九站泉林座落一册
第十站東京堡大營一册
第十一站楊家莊大營一册
第十二站橋頭大營一册
第十三站鄒城座落一册
第十四站江南境一册
德州志畧一册
平原縣志畧一册
禹城齊河縣志畧一册
長清縣志略二册
泰安縣志略二册
寧陽曲阜泗水縣志略一册

泗水縣志畧一册

費縣志畧二册

蘭山郯城縣志畧一册

郯城縣志畧二册

德洲至郯城縣營道圖幷志略一份二十四册

彩繪絹本　每葉縱0・12尺橫0・44尺

第一站德州城南座落一册

第二站李陸莊大營一册

第三站魏家莊大營一册

第四站崮山大營一册

第五站靈巖座落一册

第六站南新莊大營一册

第七站中水大營一册

第八站泉林座落一册

第九站東京堡大營一册
第十站楊家莊大營一册
第十一站橋頭大營一册
第十二站郯城縣曹村大營一册
德州志畧一册
平原縣志畧一册
禹城縣齊河縣志畧一册
長清縣志畧二册
泰安縣志畧一册
寧陽縣曲阜縣泗水縣志畧一册
泗水縣志畧一册
費縣志畧二册
蘭山縣城縣郯城縣志畧一册

郯城縣志畧一册

德州至郯城志略一份十三册 寫本

德州志畧一册

平原縣志畧一册

禹城齊河二縣志畧一册

長淸縣志畧二册

泰安縣志畧二册

沂費縣蘭山三縣志畧一册

新泰縣志畧一册

蒙陰縣志畧一册

郯城縣志畧三册

德州至泗水營道圖幷說一份十九册 彩繪絹本 每葉縱0・43尺橫0・44尺

第一站羅家莊大營一册

第二站恩縣城南大營一册
第三站新莊大營一册
第四站尙家莊大營一册
第五站雨山大營一册
第六站鳳凰臺大營一册
第七站西樹村大營一册
第八站古泮池行宫一册
第九站邵家莊大營一册
第十站泉林行宫一册
德州道路志畧一册
平原縣道路志畧一册
恩縣道路志畧一册
茌平縣道路志畧一册

汶上縣道路志畧一册

東平州道路志畧一册

東阿縣道路志畧一册

滋陽縣道路志畧一册

泗水縣道路志畧一册

山東留智廟至江南五里鋪營道圖摺一份十三册 彩繪紙本

每葉縱0·43公尺橫0·44公尺

山東留智廟交界至史家莊大營道里圖摺一册

史家莊大營至崔家莊大營道里圖摺一册

崔家莊大營至蔣家屯大營道里圖摺一册

蔣家屯大營至開山大營道里圖摺一册

開山大營至灣德大營道里圖摺一册

灣德大營至韓家莊大營道里圖摺一册

韓家莊大營至紅河大營道里圖摺一册
紅河大營至龔家莊大營道里圖摺一册
龔家莊大營至包家莊大營道里圖摺一册
包家莊大營至黄梅巖大營道里圖摺一册
黄梅巖大營至王家莊大營道里圖摺一册
王家莊大營至五里舖大營道里圖摺一册
五里舖大營至江南交界道里圖摺一册

山東各縣志略一份十二册 紙本 殘破

德州志畧一册
平原縣志畧二册
長清縣志畧二册
齊河縣禹城縣志畧二册
泰安縣志畧一册

曲阜志畧一冊
鄒縣志畧一冊
郯城縣志畧二冊
曲阜縣志略一冊　彩繪絹本
山東郯子花園至龍泉莊站圖一冊　彩繪紙本　縱0・11公尺橫0・89公尺
泗水至德州營道圖幷說一份十六冊　彩繪絹本　每葉縱0・43尺橫同
第一站小廠大營一冊
第二站張家堂大營一冊
第三站鳳凰臺大營一冊
第四站雨山大營一冊
第五站尙家莊大營一冊
第六站新莊大營一冊
第七站恩縣城南大營一冊

第八站羅家莊大營一册
泗水縣道路志畧一册
曲阜縣道路志畧一册
高唐州道路志畧一册
東阿縣道路志畧一册
汶上縣道路志畧一册
茌平縣道路志畧一册
恩縣道路志畧一册
德州道路志畧一册
嶧縣至德洲營道圖幷說一份二册　墨繪絹本　每葉縱0·36尺橫0·5尺
嶧縣至德州營道圖一册
經由志畧一册
泉林至德州營道圖幷說一份二册　彩繪絹本　每葉縱0·42尺橫0·43尺

泉林至德州營道總圖一册

經由道路志畧一册

銅山縣起至山東德州營道圖一份十二册

墨繪絹本　每葉縱0・36尺橫0・51尺

儀信莊大營一册

時家店大營一册

嶧山大營一册

曲阜縣座落一册

魏家莊大營一册

泰安府大營一册

靈巖寺座落一册

崮山大營一册

住家莊大營一册

禹王莊大營一册

曲陸店大營一册

八里屯尖營一册

金山至棲霞山程站圖一份二册　彩繪絹本　破　每葉縱0·15公尺橫0·17公尺

金山至龍潭程站圖一册

龍潭至棲霞山程站圖一册

金山至江寧府程站圖一份三册　彩繪絹本　每葉縱0·5尺橫0·45尺

金山至龍潭程站圖一册

龍潭至棲霞程站圖一册

棲霞至江寧府程站圖一册

江南龍泉莊至吉慶寺大營站圖一份十六册　彩繪絹本　每葉縱0·5尺橫0·44尺

第一程龍泉莊大營一册

第二程順河集行宮一册

第三程林家莊大營一册

第四程魯家莊大營一册
第五程徐家渡大營一册
第六程直隸廠大營一册
第七程平橋大營一册
第八程海棠菴大營一册
第九程崇家灣大營一册
第十程高旻寺行宮一册
第十一程金山行宮一册
第十二程三義閣大營一册
第十三程政成橋大營一册
第十四程十里亭大營一册
第十五程蘇州府行宮一册
第十六程吉慶寺大營一册

案右圖一份原簽註：「江南龍泉莊戰圖十六冊。」「戰」當爲「站」之誤

江南吉慶寺至省城圖說一份四冊　彩繪絹本　破

每葉縱0・15公尺橫0・14公尺

江南吉慶寺至石門鎭大營說一冊

石門鎭至塘棲鎭大營圖說二冊

塘棲鎭至省城內行宮圖一冊

自內行宮出候潮門由浙江秋濤開化寺至雲棲道里圖說一份二冊

彩繪絹本　每葉縱0・15公尺橫同

自內行宮由宗陽宮教塲出錢塘門經斷橋平湖梅林至西湖行宮道里圖說一份二冊　彩繪絹本　每葉縱0・15公尺橫同

自外行宮由曲院玉泉雙峯雲林韜光至天竺道里圖說一份二冊

彩繪絹本　每葉縱0・15公尺橫同

自外行宮登舟由柳浪三潭湖心蘇堤至蕉石鳴琴道里圖說一份二冊

彩繪絹本　每葉縱0•15公尺橫同

自外行宮由蘇堤花港留餘山居法雲虎跑安井敷文書院吳山至內行宮道里圖說一份二冊　彩繪絹本　每葉縱0•15公尺橫同

浙江嘉興府至杭州大營道里圖說一份八冊　彩繪絹本　每葉縱0•43公尺橫0•39公尺

浙江嘉興府秀水縣王江涇至北教塲大營道里圖說二冊

嘉興府北教塲至石門鎮大營道里圖說二冊

石門鎮至杭州府仁知縣塘棲鎮大營道里圖說二冊

塘棲鎮至杭州府省城內行宮道里圖說二冊

王江涇至杭州省城大營道里圖說一份十冊　彩繪絹本　每葉縱0•25公尺橫0•16公尺

王江涇第一站至石門鎮北大營道里圖說二冊

石門鎮北第二站至海寧縣塘棲鎮大營道里圖說二冊

塘棲鎮第三站至省城內行宮道里圖說二冊

海寧縣陳園第三站至尖山尖營道里圖說二冊

海寧陳園第四站至省城內行宮道里圖說二冊

正教寺至西湖行宮道里圖一冊　彩繪絹本　每葉縱0•15公尺橫0•16公尺

江寧漢府機房圖一冊　彩繪絹本　縱0•31公尺橫0•43公尺

江寧織造兼管龍江西新關稅務安徽布政使高晉進

廣寧門起至山東德州行宮陸路站圖一份八幅　彩繪紙本

每幅縱0•29公尺橫0•38公尺

廣寧門至黃新莊又自黃新莊至藥王廟行宮陸路站圖一幅附河道古蹟摺一件

藥王廟至紫泉行宮陸路站圖一幅附河道古蹟摺一件

紫泉至趙北口行宮陸路站圖一幅附河道古蹟道一件

趙北口至思賢村行宮陸路站圖一幅附河道古蹟摺一件

思賢村至太平莊行宮陸路站圖一幅附河道古蹟摺一件

太平莊至紅杏園行宮陸路站圖一幅附河道古蹟摺一件

紅杏園至絳河行宮陸路站圖一幅附河道古蹟摺一件

絳河至山東德州行宮陸路站圖一幅附河道古蹟摺一件

案右圖八幅，原爲一束。束帶註：「四十九年四月二十四日收。」

聖駕啓鑾自梁各莊起至山東德州陸路站圖一份七幅 彩繪紙本

每幅縱0·21公尺橫0·39公尺

聖駕啓鑾自梁各莊至秋蘭又自秋瀾至紫泉陸路程站圖一幅附圖說一件

聖駕啓鑾自紫泉至趙北口陸路程站圖一幅附圖說一件

聖駕啓鑾自趙北口至思賢村陸路程站圖一幅附圖說一件

聖駕啓鑾自思賢村至太平莊陸路程站圖一幅附圖說一件

聖駕啓鑾自太平莊至紅杏園陸路程站圖一幅附圖說一件

聖駕啓鑾自紅杏園至絳河陸路程站圖一幅附圖說一件

聖駕啓鑾自絳河至山東德州陸路程幅圖一幅附圖說一件

案此幅圖與大長溝至袁樓水營地盤圖原幅一號。註：「六百五十號」

恩泉起至八里舖行宮地盤圖一份十二幅 彩繪絹本 每幅縱0·21公尺橫同

恩泉行宮地盤圖一幅

曲陸店行宮地盤圖一幅

李六店行宮地盤圖一幅

晏子祠行宮地盤圖一幅

潘村行宮地盤圖一幅

崮山座落地盤圖一幅

靈巖行宮地盤圖一幅

魏家莊行宮地盤圖一幅

中水行宮地盤圖一幅

泉林行宮地盤圖一幅

泮池行宮地盤圖一幅

長慶屯行宮地盤圖一幅

八里舖行宮地盤圖一幅

案右圖十二幅，原爲一束，合編一號。束帶：註「六百四十六號」又據封套原註全份共十三幅。今缺一幅。

大長溝至袁樓水營地盤圖一份十七幅

彩繪綾本　每幅縱0•21公尺橫同

蓮亭座落地盤圖一幅

大長溝水營地盤圖一幅

分水口座落地盤圖一幅

王老口水營地盤圖一幅

五里堡水營地盤圖一幅

七級水營地盤圖一幅

光嶽樓座落地盤圖一幅

朱官屯水營地盤圖一幅

新莊水營地盤圖一幅

無爲觀座落地盤圖一幅
珠泉屯水營地盤圖一幅
甲馬營水營地盤圖一幅
石屯汎水營地盤圖一幅
四女寺座落地盤圖一幅
恩泉行宮地盤圖一幅
紀家店座落地盤圖一幅
袁樓水營地盤圖一幅

案右圖十七幅，與聖駕啓鑾自絳河至山東德州陸路站圖，原爲一束，合編一號。束帶註：「六百五十號。」

南苑至山東袁樓陸路河道站圖二份 彩繪紙本 每幅縱0·2公尺橫0·39公尺

每份十幅，內一份有各站水營地盤圖九幅。

南苑至同栢村行宮又至寶稼營陸路站圖一幅 附陸路古蹟摺一件

寶稼營至南倉河道站圖一幅附河道古蹟摺一件
南倉至湖洋莊河道站圖一幅附河道古蹟摺一件
湖洋莊至楊家園河道站圖一幅附河道古蹟摺一件
楊家園至司馬莊河道站圖一幅附河道古蹟摺一件
司馬莊至花園河道站圖一幅附河道古蹟摺一件
花園至馮家口河道站圖一幅附河道古蹟摺一件
馮家口至霞口河道站圖一幅附河道古蹟摺一件
霞口至史家莊河道站圖一幅附河道古蹟摺一件
史家莊至山東圓樓河道站圖一幅附河道古蹟摺一件
寶稼營水營地盤圖站幅
南倉水營地盤圖一幅
湖洋莊水營地盤圖一幅
楊家園水營地盤圖一幅

司馬莊水營地盤圖一幅
花園水營地盤圖一幅
馮家口水營地盤圖一幅
霞口水營地盤圖一幅
史家莊水營地盤圖一幅
南苑至桐栢村行宮又至寶稼營陸路站圖一幅附陸路古蹟摺一件
寶稼營至南倉河道站圖一幅附河道古蹟摺一件
南倉至湖洋莊河道站圖一幅附河道古蹟摺一件
湖洋莊至楊家園河道站圖一幅附河道古蹟摺一件
楊家園司馬莊河道站圖一幅附河道古蹟摺一件
司馬莊至花園莊河道站圖一幅附河道古蹟摺一件
花園莊至馮家口河道站圖一幅附河道古蹟摺一件
馮家口至霞口道站圖一幅附河道古蹟摺一件

霞口至史家莊河道站圖一幅附河道古蹟摺一件

史家莊至山東圓樓河道站圖一幅附河道古蹟摺一件

聖駕回鑾自袁樓至前衙門水路陸路程站圖一份十一幅 彩繪紙本

每幅縱0·21公尺橫0·39公尺

附程站圖說十一件

聖駕回鑾自園樓至石家莊水路程站圖一幅附圖說一件

聖駕回鑾自石家莊至口霞水路程站圖一幅附圖說一件

聖駕回鑾自園口至馮家口水路程站圖一幅附圖說一件

聖駕回鑾自馮家口至花園莊水路程站圖一幅附圖說一件

聖駕回鑾自花園莊至司馬莊水路程站圖一幅附圖說一件

聖駕回鑾自司馬莊至楊家園水路程站圖一幅附圖說一件

聖駕回鑾自楊家園至湖洋莊水路程站圖一幅附圖說一件

聖駕回鑾自湖洋莊至柳墅水路程站圖一幅附圖說一件

聖駕回鑾自柳墅至興福寺水路程站圖一幅附圖說一件
聖駕回鑾自興福寺至桐柏村陸路程站圖一幅附圖說一件
聖駕回鑾自桐柏村至前衙門路陸程站圖一幅附圖說一件
案右圖十一幅，原編一號。註「圖十五號，回鑾站圖一捆。」

乾清門起至德州行宮陸路站圖一份八幅 彩繪紙本 每幅縱0·29公尺橫0·38公尺
附沿路河道古蹟摺八件
乾清門至黃新莊黃新莊至涿州行宮陸路站圖一幅附河道古蹟摺一件
涿州至紫泉行宮陸路站圖一幅附河道古蹟摺一件
紫泉至趙北口行宮陸路站圖一幅附河道古蹟摺一件
趙北口至思賢村行宮陸路站圖一幅附河道古蹟摺一件
思賢村至太平莊行宮路站圖一幅附河道古蹟摺一件
太平莊至紅杏園行宮陸路站圖一幅附河道古蹟摺一件
紅杏園至絳河行宮陸路站圖一幅附河道古蹟摺一件

絳河至德州行宮陸路站圖一幅附河道古蹟摺一件

迎鑾路程圖十六册　彩繪絹本　每葉縱0·16公尺橫0·18公尺　蛀破

存第二，四，五，六，七，八，九，十二，十三，十四，十五，十七，二十，各程

回鑾路程圖十六册　彩繪絹本　每葉縱0·16公尺橫0·18公尺　殘缺

存第一，六，八，九，十二，十三，十四，十五，十六，十七、十八，二十一，二十三，二十四，二十五，二十七，各程

御道圖一份十三册　彩繪絹本　每册縱0·13公尺橫1·19公尺　蛀

山東御道總圖一幅　彩繪紙本　縱0·38公尺橫0·55公尺　蛀破

山東水營點綴圖一册　彩繪絹本　縱0·18公尺橫1·56公尺　蛀破

回鑾第十二程圖一册　彩繪絹本　縱0·15公尺橫0·67公尺　蛀破

回鑾第二十程圖一册　彩繪紙本　縱0·15公尺橫0·56公尺　蛀破

河間縣太平莊預備房地盤圖一幅　彩繪紙本　縱0·44公尺橫0·35公尺

獻縣紅杏園行宮圖一幅　紙本　縱0·62公尺橫0·42公尺

泉林行宮圖一幅　彩繪紙本　縱0·95尺橫1·15尺

濟南行宮圖一幅　彩繪絹本　縱2·18公尺橫1·公尺

龍泉莊地盤圖一幅　彩繪紙本　縱0·95公尺橫0·53公尺　蛀

林家莊至順河集程站圖一册　彩繪絹本　縱0·15公尺橫0·36公尺

直隸廠至平河橋大營站圖一幅　彩繪紙本　縱0·25公尺橫0·55公尺

直隸廠至高堰山盱路程圖一卷　彩繪絹本　縱0·9尺橫3·3尺

靈巖原建寢宮佛堂隔斷圖一幅　紙本　縱0·22公尺橫0·29公尺

靈巖移建寢宮佛堂隔斷圖一幅　繪彩紙本　縱0·21公尺橫0·29公尺　破

曲陸店行宮圖一幅　彩繪絹本　縱0·36公尺橫0·34公尺　破

長慶屯行宮圖一幅　彩繪絹本　縱0·33公尺橫0·31公尺　破

柳泉至韓莊閘站圖一册　彩繪絹本　縱0·11公尺橫0·72公尺　破

柳泉行宮房間圖一幅　彩繪紙本　縱0·64公尺橫0·55公尺　破

山東韓莊至江南徐州府雲龍山圖一册　彩繪絹本　縱0·15公尺橫0·59公尺

雲龍山行宮圖一幅　彩繪紙本　縱0·41公尺橫0·48公尺

江南行宮地盤一卷　墨繪紙本　縱　　殘破

蘇州圈頭行宮圖一幅　彩繪紙本

天寧寺行宮地盤圖樣一幅　彩繪紙本　縱0·79公尺橫0·43公尺

天寧寺行宮圖一幅　彩繪紙本　縱1·2尺橫1·7尺

高旻寺行宮地盤圖樣一幅　彩繪紙本　縱0·79公尺橫0·93公尺

高旻寺行宮圖一幅　彩繪紙本　縱1·2尺橫1·7尺

金山寺行宮圖一幅　彩繪紙本　縱1·2尺橫1·7尺

金山行宮登舟各站圖一册　彩繪紙本　每葉縱0·25公尺橫0·3公尺　破

金山行宮御書樓地盤圖一幅　紙本　縱0·37公尺橫0·56公尺　破

焦山坐起圖一幅　彩繪紙本　縱0·25公尺橫0·65公尺　殘

焦山坐落地盤圖一幅　紙本　縱0·33公尺橫0·32公尺

焦山寺行宮圖一幅　彩繪紙本　縱1·2尺橫1·7尺

浙江程站道里總摺二冊 紙寫本 蛀

浙江杭州西湖外行宮圖一卷 彩繪紙本 縱0·56公尺橫0·8公尺

杭州城內行宮圖一卷 彩繪絹本 縱0·59公尺橫0·4公尺

案二冊內容相同

杭州省城內行宮圖一卷 彩繪絹本 縱2·尺橫1·5尺

西湖行宮圖一卷 彩繪絹本 縱0·68公尺橫1·公尺

西湖行宮圖一卷 彩繪絹本 縱1·9尺橫2·5尺 破

西湖行宮正殿圖一冊 彩繪絹本 縱0·29公尺橫公同 破

景亭道里分次摺一冊 紙本 蛀

揚州水陸御御總圖一幅 彩繪紙本 縱0·82公尺橫0·61公尺 滿漢文

錦春園行宮地盤圖樣一幅 彩繪紙本 縱0·93公尺橫0·79公尺 破

擬建大教場行宮地盤圖一幅 彩繪紙本 縱0·64公尺横0·54公尺

大教場行宮圖一幅 墨繪紙本 縱0·37公尺横0·4公尺

豫省輦路圖一卷　彩繪絹本　縱0•44公尺橫3•34公尺

趙北口至南紅門大營道里圖一份十七幅　彩繪紙本　每幅縱0•2公尺橫0•39公尺

趙北口至于家村大營道里圖一幅

于家村至左各莊大營道里圖一幅附河淀古蹟摺一件

蘇橋預備房地盤圖一幅

左各莊至臺頭行宮道里圖一幅附河淀古蹟摺一件

臺頭行宮地盤圖一幅

臺頭至揚芬港行宮道里圖一幅附河淀古蹟摺一件

揚芬港行宮地盤圖一幅

揚芬港至王家塲大營道里圖一幅附河淀古蹟摺一件

王家塲至天津行宮道里圖一幅附海河古蹟摺一件

天津行宮圖一幅

天津行宮至揚惠莊道里圖一幅附海河古蹟摺一件

揚惠莊行宮地盤圖一幅

揚惠莊行宮至觀海臺道里圖一幅

天津行宮至海光寺道里圖一幅

天津行宮至興福寺道里圖一幅

興福寺至定福莊大營道里圖一幅附北運河古蹟摺一件

定福莊大營至南紅門道里圖一幅

案右圖十七幅原爲一束束帶註「乾隆三十二年」

恭謁泰陵由秋蘭紫泉至趙北口並天津一帶水旱道路總圖一幅 彩繪紙本

縱0·6公尺橫0·74公尺

附秋蘭至紫泉，定福莊至張家灣，張家灣至圓明園勘定水陸尖營道里清單一件。

恭謁兩陵巡幸天津水陸道路總圖一幅 彩繪紙本 縱0·62公尺橫0·73公尺

泰堡莊新建行宮地盤圖一幅 彩繪紙本 縱0·57公尺橫0·56公尺

左各莊新建行宮地盤圖一幅 彩繪紙本 縱0·57公尺橫0·56公尺

臺頭添建皇太后宮地盤圖一幅 彩繪紙本 縱0·43公尺橫0·46公尺

楊芬港添建皇太后地盤圖一幅 彩繪紙本 縱0·43公尺橫0·46公尺

案右圖六幅，原編一號。註圖一四一號，恭謁泰陵道路總「圖一梱」。

秋蘭至張家灣行宮陸路圖一份十四幅 彩繪紙本 每幅縱0·2公尺橫0·39公尺

秋蘭至紫泉行宮道里圖一幅

紫泉至趙北口行宮道里圖一幅附河道古蹟摺一件

趙北口至泰堡莊行宮道里圖一幅附河淀古蹟摺一件

泰堡莊至左各莊行宮道里圖一幅附河淀古蹟摺一件

左各莊至臺頭行宮道里圖一幅附河淀古蹟摺一件

臺頭至揚芬港行宮道里圖一幅附河淀古蹟摺一件

揚芬港至王家塲大營道里圖一幅附河淀古蹟摺一件

王家塲至柳墅行宮道里圖一幅附天津古蹟摺一件

柳墅至海光寺由海光寺回至柳墅行宮道里圖一幅

柳墅至興福寺大營道里圖一幅

興福寺至定福莊大營道里圖一幅

定福莊至河西務大營道里圖一幅

河西務至魯家務大營道里圖一幅

魯家務至張家灣大營道里圖一幅附北運河古蹟摺一件

案右圖十四幅，原爲一束。束帶註：「乾隆三十五年」。

紫泉至條河頭行宮陸路站圖一份十一幅 彩繪紙本 每幅縱0·2公尺橫0·39公尺

紫泉至趙北口行宮陸路站圖一幅附古蹟摺一件

趙北口至泰堡莊行宮水路站圖一幅附河淀古蹟摺一件

泰堡莊至左各莊行宮水路站圖一幅附河淀古蹟摺一件

左各莊至臺頭行宮水路站圖一幅附河淀古蹟摺一件

臺頭至揚芬港行宮水路站圖一幅附河淀古蹟摺一件

揚芬港至王家塲行宮水路站圖一幅附河淀古道摺一件

王家場至柳墅行宮水陸站圖一幅附河道古蹟摺一件

柳墅至興福寺大營水路站圖一幅附河道古蹟摺一件

興福寺至忭觀屯大營水路站圖一幅附河道古蹟摺一件

忭觀屯至同柏村行宮陸路站圖一幅附古蹟摺一件

同柏村至洛莊大營又至條河頭陸路站圖一幅附河道古蹟摺一件

案右圖十一幅，原爲一束。束帶註：全份共十二幅。查缺秋蘭至紫泉行宮陸路圖一幅。

聖駕啓鑾自圓明園至南苑程站圖一份十三幅 彩繪紙本

每幅縱0·21公尺橫0·69公尺

聖駕啓鑾陸路至黃新莊又至藥王廟程站圖一幅附圖說一件

聖駕自藥王廟陸路至紫泉程站圖一幅附圖說一件

聖駕自紫泉陸路至趙北口程站圖一幅附圖說一件

聖駕自趙北口水路至泰堡莊程站圖一幅附圖說一件

聖駕自泰堡莊水路至左各莊程站圖一幅附圖說一件

聖駕自左各莊水路至臺頭程站圖一幅附圖說一件
聖駕自臺頭水路至揚芬港程站圖一幅附圖說一件
聖駕自揚芬港水路至王家塲程站圖一幅附圖說一件
聖駕自家塲水路至柳墅程站圖一幅附圖說一件
聖駕自柳墅水路至興福寺程站圖一幅附圖說一件
聖駕自興福寺水路至寶稼營程站圖一幅附圖說一件
聖駕自寶稼營陸路至桐栢村程站圖一幅附圖說一件
聖駕自桐柏村陸路至南苑程站圖一幅附圖說一件

定津程站册一册 絹本

案原圖說載：「嘉慶十三年聖駕展謁東陵，復巡視定津堤工河道經由水陸程站及御道兩旁村莊零星里數。」

泰堡莊行宮地盤圖一幅 彩繪紙本 縱0·54公尺橫0·56公尺 蛀

左各莊行宮地盤圖一幅 彩繪紙本 縱0·54公尺橫0·56公尺 蛀

文安縣左各莊行宮圖式一幅　彩繪絹本　縱0·38公尺橫0·39公尺　蛀

臺頭行宮地盤圖一幅　彩繪紙本　縱0·43公尺橫0·42公尺　蛀

靜海縣楊芬巷行宮圖式一幅　彩繪絹本　縱0·38公尺橫0·39公尺　蛀

天津縣王家塲水營板房圖式一幅　彩繪絹本　縱0·39公尺橫同

柳墅行宮地盤圖樣一幅　彩繪紙本　縱0·77公…橫0·6公尺

柳墅行宮地盤圖一幅　彩繪紙本　縱1·35公尺橫0·98公尺

柳墅至芥園座落水陸站圖一幅　彩繪紙本　縱0·2公尺橫0·29公尺

天津望河樓圖一幅　彩繪絹本　縱0·34公尺橫0·39公尺

圓明園起至臨漪亭大營行宮陸路站圖一份十四幅　彩繪紙本

每幅縱0·2公尺橫0·39公尺

圓明園至黃新莊黃新莊至涿州行宮陸路站圖一幅附河道古蹟摺一件

涿州至三和舖大營陸路站圖一幅附河道古蹟摺一件

三和舖至太平莊大營陸路站圖一幅附河道古蹟摺一件

太平莊至臨漪亭行宮陸路站圖一幅附河道古蹟摺一件

臨漪亭至膏腴鋪大營陸路站圖一幅附河道古蹟摺一件

膏腴鋪至衆春園行宮陸路站圖一幅附河道古蹟摺一件

衆春園至趙村大營陸路站圖一幅附河道古蹟摺一件

趙村至隆興寺行宮陸路站圖一幅附河道古蹟摺一件

隆興寺至樺皮村大營陸路站圖一幅附河道古蹟摺一件

樺皮村至羊家莊大營陸路站圖一幅附河道古蹟摺一件

羊家莊至王快鎮大營陸路站圖一幅附河道古蹟摺一件

王快鎮至岱洋大營陸路站圖一幅附河道古蹟摺一件

岱洋至郭村大營陸路站圖一幅附河道古蹟摺一件

郭村至臨漪亭行宮陸路站圖一幅附河道古蹟摺一件

聖駕自東北溪至黃新莊程站圖一份十六幅 彩繪紙本 蛀 破

每幅縱0·2公尺橫0·41公尺

聖駕自東北溪至龍山村程站圖一幅附圖說一件
聖駕自龍山村至五郎村程站圖一幅附圖說一件
聖駕自五郎村至東都亭程站圖一幅附圖說一件
聖駕自東都亭至隆村程站圖一幅附圖說一件
聖駕自隆村至王快鎮程站圖一幅附圖說一件
聖駕自王快鎮至楊家莊程站圖一幅附圖說一件
聖駕自楊家莊至樺皮村程站圖一幅附圖說一件
聖駕自樺皮村亭隆興寺程站圖一幅附圖說一件
聖駕自隆興寺至趙村程站圖一幅附圖說一件
聖駕自趙村至衆春園程站圖一幅附圖說一件
聖駕自衆春園至膏腴舖程站圖一幅附圖說一件
聖駕自膏腴舖至靈雨寺程站圖一幅附圖說一件
聖駕自靈雨寺至新莊程站圖一幅附圖說一件

聖駕自新莊至紫泉程站圖一幅附圖說一件

聖駕自紫泉至涿州程站圖一幅附圖說一件

聖駕自涿州至黃新莊程站圖一幅附圖說一件

聖駕自黃新莊至圓明園程站圖一幅　彩繪紙本　縱

聖駕自龍山村至五郎村程站圖一幅　附程站說明摺一件　彩繪紙本

縱0・21公尺橫0・4公尺

聖駕自王快鎭至台祿寺程站圖一份三幅　彩繪紙本　每幅縱0・21公尺橫0・41公尺

聖駕自王快鎭至法華村程站圖一幅附圖說一件

聖駕自法華村至大教場程站圖一幅附圖說一件

聖駕自大教場至台祿寺程站圖一幅附圖說一件

王快鎭至台麓寺陸路站圖一份二幅　彩繪紙本　每幅縱0・2公尺橫0・39公尺

王快鎭至法華村大營陸路站圖一幅附河道古蹟摺一件

法華村至大教場至台麓寺行宮陸路站圖一幅附河道古蹟摺一件

湖洋莊至南倉河道站圖一份二幅　彩繪紙本　每幅縱0•2公尺橫0•39公尺

湖洋莊至柳墅行宮河道站圖一幅

柳墅行宮至南倉河道站圖一幅

半壁店行宮至西域雲居寺路徑地盤畫樣一幅　彩繪紙本　縱0•41公尺橫同

西域雲店寺圖說一份二幅　彩繪紙本　縱0•21公尺橫0•43公尺

西域雲居寺地盤畫樣一幅　彩繪紙本　縱0•71公尺橫0•5公尺

小西天地盤畫樣一幅　彩繪紙本　縱0•51公尺橫0•52公尺

案右圖四幅，爲英和繪進。原爲一包。封面簽註：「嘉慶十二年三月初九日，長慶交來奏摺一個，廟名摺一個，西域寺圖一件半壁店至西域雲居寺路徑余一件，小西天圖一件，候十三年西陵去之前題奏。」

宛平縣龍王廟行宮地盤圖式一幅　彩繪紙本　縱0•57公尺橫0•39公尺

武淸縣萬福寺水營板房圖式一幅　彩繪絹本　縱0•39公尺橫同

新城縣紫泉行宮圖式一幅　彩繪絹本　縱0•38公尺橫0•31公尺

衆春園行宮地盤圖一幅　彩繪紙本　縱0•69公尺橫0•34公尺　破
定州衆春園行宮圖式一幅　彩繪絹本　縱0•37公尺橫0•38公尺　破
清苑縣臨漪亭行宮圖式一幅　彩繪絹本　縱0•37公尺橫0•38公尺　殘
臨漪亭行宮圖一幅　彩繪紙本　縱0•69公尺橫0•53公尺　破
端村行宮圖一幅　彩繪紙本　縱0•38公尺橫0•35公尺　蛀
隆興寺行宮地盤圖一幅　彩繪絹本　縱0•52公尺橫0•37公尺
正定縣隆興寺行宮圖式一幅　彩繪絹本　縱0•37公尺橫0•38公尺　破
臺山道里圖摺一份二册　彩繪紙本　縱0•19公尺橫2•22公尺　殘
臺山道里圖一份四幅　彩繪絹本　破
易州至五台營盤道路圖一幅　彩繪紙本　縱0•29公尺橫1•57公尺　破
長城嶺至正定府營盤道路圖一幅　彩繪紙本　縱0•19公尺橫0•97公尺
正定府由保定至端村營盤道路圖一幅　彩繪紙本　縱0•19公尺橫9•9公尺
趙北口至南苑營盤道路圖一幅　彩繪紙本　縱0•19公尺橫0•78公尺

西巡路程圖一幅 彩繪絹本 縱0•99公尺橫1•4公尺 滿文

由長城嶺起路程圖一册 彩繪絹本 每葉縱0•25公尺橫0•12公尺

啓蹕經由程站圖一册 彩繪紙本 縱0•14公尺橫1•95公尺 蛀 破

回鑾程站圖一册 彩繪紙本 縱0•21公尺橫1•95公尺 蛀

回鑾經由程站古蹟圖說一份二册 彩繪紙本 破 每葉縱0•15公尺橫0•14公尺

案原圖說載：「嘉慶十六年，皇上展謁西陵禮成後巡幸山西五台回鑾經由程站並古蹟圖說。」

東華門至文殊菴行宮陸路圖一份九幅 彩繪紙本 蛀 破 每幅縱0•2公尺橫0•39公尺

東華門至燕郊燕郊至白澗行宮陸路站圖一幅附河道古蹟摺一件

白澗至興家樓大營陸路站圖一幅附河道古蹟摺一件

興家樓至琪樹莊大營陸路站圖一幅附河道古蹟摺一件

琪樹莊至興隆山大營陸路站圖一幅附河道古蹟摺一件

興隆山至夷齊廟行宮陸路站圖一幅附河道古蹟摺一件

夷齊廟至沈官屯沈官屯至興隆山大營陸路站圖一幅附河道古蹟摺一件

夷齊廟至天台山大營陸路站圖一幅附河道古蹟摺一件

天台山至深河堡大營陸路站圖一幅附河道古蹟摺一件

深河堡至文殊菴行宮陸路站圖一幅附河道古蹟摺一件

文殊菴至東華門行宮陸路站圖一份十一幅 彩繪紙本 每幅縱0·2公尺橫0·39公尺

文殊菴至韓家莊大營陸路站圖一幅附河道古蹟摺一件

韓家莊至韓關營大營陸路站圖一幅附河道古蹟摺一件

韓關營至夷齊廟行宮陸路站圖一幅附河道古蹟摺一件

夷齊廟至柳新莊大營陸路站圖一幅附河道古蹟摺一件

柳新莊至五里墩大營陸路站圖一幅附河道古蹟摺一件

五里墩至八里堡大營陸路站圖一幅附河道古蹟摺一件

八里堡至隆福寺行宮陸路站圖一幅附河道古蹟摺一件

隆福寺至桃花寺行宮陸路站圖一幅附河道古蹟摺一件

桃花寺至白澗行宮陸路站圖一幅附河道古蹟摺一件

白澗至燕郊行宮陸路站圖一幅附河道古蹟摺一件
燕郊至東華門陸路站圖一幅附河道古蹟摺一件
京城至山海關程站細圖一册　彩繪紙本　每葉縱0·087公尺橫0·11公尺
山海關至京城程站細圖一册　彩繪紙本　每葉縱0·087公尺橫0·11公尺
山海關至夏原程站細圖一册　彩繪紙本　每葉縱0·087公尺橫0·11公尺
夏原至山海關程站細圖一册　彩繪紙本　每葉縱0·087公尺橫0·11公尺
興隆寺柳新莊天台山等處新建行宮擬請匾額貼落圖式七幅　彩繪紙本
夷齊廟座落地盤圖一幅　彩繪紙本
盧龍縣夷齊廟行宮地盤圖式一幅　彩繪紙本　縱0·52公尺橫0·38公尺
新建撫寧縣天台山行宮地盤圖式一幅　彩繪紙本　縱0·39公尺橫0·37公尺
新建撫寧縣天台山行宮內簷圖式一幅　彩繪紙本　縱0·21公尺橫1·公尺　殘
臨榆縣澄海樓座落內簷圖式一幅　彩繪紙本　縱9·2公尺橫同　破
臨榆縣龍王廟座落地盤內簷圖式一幅　彩繪紙本　縱0·4公尺橫0·39公尺

臨榆縣天后宮座落地盤圖式一幅　彩繪紙本　縱0•38公尺橫同　破

承德縣廣寧縣路程紀略一册　紙本

避暑山莊圖一卷　彩繪紙本　縱3•5尺橫8•2尺

黃羊圍塲圖一幅　墨繪紙本　縱0•26公尺橫0•71公尺　滿文

半天樓地盤圖一幅　墨繪紙本　縱0•63公尺橫0•52公尺

玉花池座落內簷裝修地盤圖一幅　彩繪紙本　縱0•38公尺橫0•36公尺

雙鶴齊現存房間地盤畫樣圖一幅　墨繪紙本　縱0•95公尺橫0•61公尺

北惠濟廟行宮圖式二幅　紙本

驛站路程一份九册　紙本　滿漢文

名勝

香山畫圖一幅　彩繪絹本　縱0•57公尺橫2•5公尺　蛀　破

清桂沈煥嵩貴合筆恭繪。

案國朝耆獻類徵卷九十六卿貳五十六：嵩貴乾隆二十六年進士，五十四年卒。

以上京師

江南名勝圖一幅　彩繪絹本　縱1•61公尺橫1•35公尺　殘　破

案原題：「山水圖一張」。圖內不註地名。考其內容，似爲江南勝景。

江南名勝圖一份二册　彩繪絹本　每葉縱0•25公尺橫0•31公尺　殘　破

揚州行宮名勝全圖一册　彩繪絹本　縱0•25公尺橫3•36公尺　殘　破

康山圖樣一幅　彩繪絹本　縱0•44公尺橫0•84公尺　蛀　破

江寧府名蹟圖一册　彩繪絹本　縱0•5尺橫0•45尺

揚州等處花園圖一幅　彩繪絹本　縱1•2公尺橫0•61公尺　殘　破

金山行宮名勝總圖一幅　彩繪紙本　縱0•9公尺橫0•64公尺　蛀　破

金山山後圖一幅　彩繪絹本　縱0·5公尺橫0·62公尺　蛀破

平山堂圖一幅　彩繪絹本　縱0·68公尺橫1公尺

以上江蘇

五臺山圖一幅　彩繪絹本　縱0·84公尺橫1·93公尺　蛀破

五臺總圖二幅　彩繪紙本　每幅縱0·47公尺橫0·33公尺　蛀破

以上山西

山東名勝圖一册　墨繪絹本　每葉縱0·31公尺橫0·39公尺

山東名勝圖一份四葉　彩繪絹本　每葉縱0·24公尺橫0·36公尺

濟寧曲阜等縣古泉圖一份十八葉　彩繪絹本　每葉縱0·21公尺橫0·3公尺

以上山東

華山圖一幅　彩繪絹本　縱3·28公尺橫1·99公尺

陝西巡撫畢沅繪。

案清史稿疆臣年表畢沅於乾隆三十八年正月至四十一年三月爲陝西巡撫。

以上陝西

浙江省城西湖名勝圖一幅　彩繪絹本　縱2·1尺橫2·8尺　殘破

浙江名景西湖全圖一卷　彩繪絹本　縱0·6公尺橫0·71公尺

西湖全圖一卷　彩繪紙本　縱0·51公尺橫0·66公尺

西湖各景全圖一幅　彩繪絹本　縱1·7尺橫2尺　蛀破

海寧縣安瀾園圖一幅　彩繪絹本　縱1·5尺橫2尺　蛀破

安瀾園圖一幅　彩繪紙本　縱0·23公尺橫0·15公尺　蛀破

天台山全圖一幅　彩繪絹本　縱0·84公尺橫1·93公尺　蛀破

蘭亭圖二幅　每幅縱1·36公尺橫1·72公尺

案二幅相同

以上浙江

峨眉山圖一幅　彩繪絹本　縱1·75公尺橫1·07公尺　破蛀

舊雪浪石圖一幅　附新舊雪浪石原委略節摺一件　墨繪紙本　縱0·21公尺橫0·37公尺　蛀破

乾隆三十一年張若靄繪進。

以上四川

敖漢玉瀑圖一幅 彩繪絹本 縱0·97公尺橫1·47公尺

名勝圖一册 彩繪紙本 每葉縱0·28公尺橫0·38公尺

名勝圖一幅 彩繪絹本 縱0·62公尺橫0·96公尺

名勝圖四幅 彩繪紙本

案右圖六件，原未題名稱。查圖內所繪，似爲某一地勝景

名勝圖一幅 彩繪絹本 縱0·62公尺橫0·96公尺

名勝圖四幅 彩繪紙本

案右圖六件，圖內均不註地名。

瑞　應

頒示瑞穀圖十卷　彩繪紙本　每幅縱0·5公尺橫1·89公尺

雍正五年敕繪

案各卷相同

趙州蝦蟇口醴泉圖一幅　彩繪絹本　縱0·37公尺橫0·27公尺

趙州仙女莊醴泉圖一幅　彩繪絹本　縱0·37公尺橫0·27公尺

山東瑞穀圖一卷　彩繪絹本　縱0·53公尺橫13·25公尺

曲阜縣慶雲圖一幅　彩繪絹本　縱0·42公尺橫0·86公尺　蛀

案原圖註「雍正七年十一月二十六日曲阜縣慶雲圖」。

瑞麟圖二幅　彩繪絹本

一縱0·98公尺橫1·37公尺　四川總督黃廷貴巡撫憲德進　一縱0·68公尺橫0·97公尺不註繪進人名

案清史稿各省總督年表：黃廷桂於雍正九年至十三年任四川總督。各省巡撫年表：憲德於雍正八年至十一年十二月任四川巡撫。此圖爲二人同進，則繪進時期當在雍正九年至十一年間。

瑞穀圖一卷　彩繪紙本　縱3•1尺橫79尺

廣東總督鄂彌達巡撫楊永斌進

案滿洲名臣傳卷四十六，鄂彌達傳：鄂氏由雍正十年二月至乾隆四年任廣東總督。又漢名臣傳楊永斌傳：楊氏雍正十年二月至乾隆二年三月任廣東巡撫。此圖爲二人同進，則繪呈時期，當在雍正十年二月至乾隆二年三月間。

貴州瑞穗圖一卷　彩繪紙本　縱0•96公尺橫25公尺

案原圖不註繪進人名及時代。據圖中雍正七年十一月初五日上諭：「貴州巡撫張廣泗奏稱：黔省各屬及新闢苗疆，今年皆風雨應時。歲登大有。所產稻穀粟米之屬，自一莖兩穗至十五六不等……實從來所未見，特將瑞穀呈覽。並繪圖附進。……」知此圖爲雍正七年貴州巡撫張廣泗繪進者。

嘉穀圖一卷　彩繪絹本　縱0•97公尺橫25公尺

案此圖與貴州瑞穗圖同。

瑞穀圖四卷　彩繪紙本　每卷縱0•97公尺橫25公尺

案各卷與貴州瑞穗圖相同。惟圖內上諭係印本。

烏蒙府慶雲圖一幅　彩繪紙本　縱0·37公尺橫0·26公尺

新平縣慶雲圖一幅　彩繪絹本　縱0·37公尺橫0·26公尺

新正慶雲圖一份五幅　附奏摺一件　彩繪絹本　每幅縱0·98公尺橫0·92公尺

雍正十三年正月寧遠大將軍查郎阿進

瑞穀圖一幅　彩繪絹本　縱1·96公尺橫1公尺

瑞日圖一卷　彩繪絹本　縱0·37公尺橫0·26公尺

鄂爾泰進呈

案鄂爾泰雍正乾隆間人

五色祥雲圖一幅　彩繪絹本　縱0·9公尺橫1·23公尺　破

儀鳳圖一幅　彩繪絹本　縱1·76公尺橫1公尺

唐執玉進

案國朝耆獻類徵初編卷六十八唐執玉傳：執玉康熙四十二年進士，雍正十一年三月卒官。

效貢

荷蘭車圖一幅　彩繪絹本　縱5・7尺橫10尺

諧奇趣西洋水法圖十二份　墨印紙本　每份二十葉　每葉縱1・8尺橫2・尺

利未亞洲魚圖一卷　墨繪絹本　縱1尺橫2・1尺

福祿圖二幅　彩繪紙本　每幅縱6・5尺橫10尺

詹伯斯氏奇幽園圖（Chambers's Kew Gardens）

中國建築及服飾器物圖（Designs of Chinese）　合一冊墨印紙本

巴克氏城市風景圖（Buckis views of Cilies）　一冊墨印紙本

湖山風景圖（Views of the Lakes &c）　一冊墨印紙本

英吉利戲院圖（Theâtre de la grande Bretagne）　四冊墨印紙本

英吉利建築師維特魯維阿氏建築圖（Vitruvius Britannicus）　五冊墨印紙本

詹伯斯氏建築工程圖（Chamberis Civil Architecture）　一冊墨印紙本

亞丹氏建築圖（Adamis Architecture）　一冊墨印紙本

英吉利貴族圖像（Qortraits of English Nobility）　一冊墨印紙本

海米爾登氏所藏愛褚利亞及希臘羅馬古物圖 (Hamiltonscollection of Elruscan Greek and Roman Antiguities) 四冊墨印紙本

船舶及各種圖畫 (Prints and Shipping) 一冊墨印紙本

海米爾登氏康比扶來格拉火山圖 (Hamilton Campi Phlegr Ei)

寺廟 附冢墓

香山寺等處圖一份十二葉　彩繪絹本　每葉縱0•24公尺橫同

墳廟圖一册　墨繪絹本　每葉縱0•33公尺橫0•13公尺

密雲縣白龍潭座落地盤圖一幅　彩繪紙本　縱0•38公尺橫0•55公尺

良鄉縣宏恩寺座落圖式一幅　彩繪絹本　縱0•39公尺橫同　蛀

西峪寺圖一幅　彩繪紙本　縱0•44公尺橫0•38公尺

以上京師

盛京北鎮廟圖樣一幅　彩繪紙本　縱3•46公尺橫1•48公尺

以上盛京

清苑縣大悲閣座落圖式一幅　彩繪絹本　縱0•56公尺橫0•39公尺

正定縣隆興寺座落圖式一幅　彩繪絹本　蛀　破　縱0•38公尺橫同

正定縣廣惠寺座落圖式一幅　彩繪絹本　縱0•37公尺橫0•38公尺

正定縣崇因寺座落圖式一幅　彩繪絹本　縱0•37公尺橫0•38公尺　蛀　破

皁平縣普佑寺座落圖式一幅 彩繪絹本 縱0•37公尺橫0•38公尺 蛀
皁平縣招提寺座落圖式一幅 彩繪絹本 縱0•37公尺橫0•38公本 蛀破
文安縣琴高祠座落圖式一幅 彩繪絹本 縱0•39公尺橫同
琴高祠地盤圖一幅 彩繪紙本 縱0•41公尺橫0•68公尺
文安縣蘇薄祠座落圖式一幅 彩繪絹本 縱0•39公尺橫0•39公尺
偏凉汀圖一幅 彩繪紙本 縱0•51公尺橫0•6公尺 殘破

以上直隸

焦山坐起圖一幅 彩繪絹本 縱0•52公尺橫0•65公尺 殘破
香皁寺圖一幅 彩繪紙本 縱0•39公尺橫0•53公尺

以上江蘇

化城寺座落房地盤圖一幅 彩繪紙本 縱0•42公尺橫0•39公尺
法鏡寺蓮花峯地盤圖一幅 彩繪絹本 縱0•61公尺橫0•7公尺 蛀

以上安徽

清凉寺圖一幅　彩繪絹本　縱1·5公尺橫0·72公尺

五臺全廟圖一幅　彩繪紙本　縱0·35公尺橫0·32公尺　蛀破

以上山西

至聖廟圖一幅　彩繪紙本　縱1·42公尺橫0·64公尺

衍聖公孔昭煥進

至聖林圖一幅　彩繪絹本　縱1·42公尺橫0·64公尺

衍聖公孔昭煥進。

闕里文廟圖一幅　彩繪絹本　縱1·49公尺橫0·62公尺

案孔昭煥爲乾隆時人

孔林圖一幅　彩繪絹本　縱4·1尺橫2尺　蛀破

岱廟圖一幅　彩繪紙本　縱0·46公尺橫0·5公尺　蛀破

以上山東

河南大生寺圖一幅　彩繪絹本　縱0·43公尺橫0·29公尺

以上河南

紫陽樓仙蹟亭崇道觀廟圖一卷　彩繪絹本　縱0·83公尺橫1·94公尺

以上山西

普陀山法雨寺圖一幅　彩繪絹本　縱1·57公尺橫0·77公尺　蛀

普陀廣教之廟幢亭圖一幅　彩繪紙本　縱0·32公尺橫0·52公尺

以上浙江

崇福寺圖式一卷　絹本　縱0·75公尺橫0·97公尺

案此圖分左右兩部分。左爲墨繪，簽註「大雄山崇福寺新建殿宇地盤圖式」。右圖爲彩繪，簽註「大雄山崇福寺新建殿宇僧房」。

以上四川

龍虎山廟圖一卷　彩繪絹本　縱0·53公尺橫1·89公尺　霉

以上江西

天寧寺木塔地盤圖一幅　紙本　縱0·55公尺橫0·28公尺　蛀

靈濟祠右座落房地盤圖一幅　紙本　縱0・37公尺橫0・3公尺　殘

大螺頂廟圖一幅　彩繪絹本　縱1・56公尺橫0・79公尺　蛀

以上西藏

伊綳廟圖二幅　彩繪紙本　一縱2・5尺橫1・5尺　一縱3尺橫1・88尺　蛀破

伊綳廟地盤圖二幅　彩繪紙本　二幅均縱2・6尺橫3・3尺　滿文

戒台地盤全圖一幅　墨繪紙本　縱0・8公尺橫0・7公尺

戒台工程地盤圖一幅　墨繪紙本　縱1・22公尺橫同　蛀破

以上新疆

御製詩卷勒石嵌墻圖式一幅　墨繪紙本　縱0・41公尺橫同

案原題簽之下註「附明太傅史可法墓地盤」字樣，知此圖原附史可法墓地盤圖一件，今缺。

御書讀宗澤忠簡集碑亭圖一幅　彩繪紙本　縱0・37公尺橫0・44公尺

御詩亭圖式一幅　墨繪紙本　縱0・22公尺橫0・21公尺

案右圖二幅，原在一包內，封包註「嘉慶五年阮元進御詩亭圖式圖二件」

以上冢墓

山陵

明十三陵圖一幅　彩繪紙本　縱0·17公尺橫0·19公尺

永陵圖一幅　彩繪絹本　縱2·2公尺橫1·6公尺

福陵圖一幅　彩繪絹本　縱1·57公尺橫0·88公尺

福陵圖一幅　彩繪絹本　縱2·2公尺橫1·63公尺

福陵地盤圖一幅　彩繪紙本　縱0·81公尺橫0·91公尺　破

昭陵圖一幅　彩繪絹本　縱2·2公尺橫1·16公尺

東陵全圖一幅　彩繪紙本　縱1·15公尺橫1·19公尺

道光四年英和進

霧靈山陵寢總圖一幅　彩繪絹本　縱7尺橫3·3尺

後龍山以後荒火延燒圖式一幅　彩繪紙本　縱0·67公尺橫0·55公尺

孝陵圖二幅　一彩繪紙本，縱10·5尺橫3·7尺，一彩繪絹本縱2·29公尺橫1·62公尺

孝陵圖樣一幅　墨繪紙本　縱10·22公尺橫0·86公尺

景陵圖一幅　彩繪絹本　縱2・2公尺橫1・6公尺

泰陵圖一幅　彩繪絹本　縱2・2公尺橫1・6公尺

泰陵圖一幅　彩繪紙本　縱7・4尺橫8・4尺　蛀破

裕陵圖一幅　彩繪絹本　縱2・2公尺橫1・66公尺

定陵順水峪普陀山成子峪松樹溝地勢總圖畫樣一幅　彩繪紙本
縱0・79公尺橫0・68公尺

定陵規制丈尺地盤畫樣圖一幅　彩繪紙本　縱1・28公尺橫0・44公尺

風　水

龍王坡風水圖一幅　彩繪絹本　縱3·5尺橫2·2尺　霉

霍家莊風水圖一幅　彩繪紙本　縱2·7尺橫2·9尺

蔣府山村風水圖一幅　彩繪紙本　縱3·4尺橫2·7尺

密勿村風水圖一幅　彩繪紙本　縱3·6尺橫3·3尺

菩陀峪萬年吉地已修各處工程圖式一幅　彩繪紙本　縱0·81公尺橫0·31公尺

普陀山地勢丈尺圖一幅　彩繪紙本　縱0·91公尺橫0·35公尺

風水總覽圖說目錄

定陵風水全局山文形勢圖

桂陵圖一幅

泰陵圖一幅

恭陵圖一幅

獻陵圖一幅

... (以下文字因圖像旋轉及模糊難以完全辨識)

圖目

蘿圖薈萃一册 寫本

乾隆二十六年敕編。係造辦處輿圖房圖目

蘿圖薈萃續編一册 寫本

乾隆六十年敕編，係造辦處輿圖房圖目續編。

各項圖式總目二份 寫本

每份十一葉。內一份簽註增補删改圖目情形。知此爲蘿圖薈萃底稿之殘本。

共計十一張。內一份[illegible]圖目[illegible]。[illegible]本。

各省圖方輿目一份　公本

[illegible]六十年[illegible]編。[illegible]圖目[illegible]。

蒙圖香案續編一冊　公本

[illegible]二十六年[illegible]編。[illegible]圖目

蒙圖香案一冊　公本

圖　目

本院出版物品代售處

榮寶齋　北平琉璃廠　南京二郎廟南延齡巷　上海河南路五馬路南　漢口中山路交通路口內
豹文齋　北平琉璃廠
直隸書局　北平琉璃廠
來薰閣　北平琉璃廠
修綆堂　北平隆福寺街
大同書店　北平養蜂夾道
大東書局　天津大胡同南口
志恒書局　天津法界二十九號路
墨緣堂　上海廣東路棋盤街二二九號
華亭書局　上海靜安寺愚園路二二五號
故宮博物院駐京辦事處　南京秣陵路二二三號
大中書局　南京城內太平路中市
山東書店　濟南院西大街八十二號
亨泰百貨店　山東烟台朝陽街
覺民書局　山西太原樓兒樓
豫民書局　河南開封東大街
大新公司　廣州市西堤
大成新記書局　廣州永漢北路聖賢里
淳輝閣　漢口賓華街六十一號
協記現代文化社　四川成都祠堂街
北新書局　雲南昆明市勸業場六十一號
有益書局　江西景德鎮廠前

中華民國二十五年五月出版

清內務府造辦處輿圖房圖目初編

定價[illegible]角

編輯者　國立北平故宮博物院文獻館

出版者　國立北平故宮博物院文獻館

發行者　國立北平故宮博物院出版物發行所　電話東局四四三六

印刷者　北平南池子飛龍橋　北京書局　電話東局三五七七

國立北平故宮博物院文獻館出版物一覽

掌故叢編
清三藩史料
清代文字獄檔
清光緒朝中法交涉史料
清宣統朝中日交涉史料
影印太平天國文書
軍機處檔案目錄
清季各國照會目錄
清乾隆內府輿圖　銅版拓印本
廣西沿邊各營駐防中越交界對汎法屯距界遠近圖
清代帝后像
印璽明信片
朝鮮國王來書
清太祖努爾哈赤實錄
朝鮮迎接都監都廳儀軌
讀書堂西征隨筆
碎金
阿濟格略明事件之滿文木牌

文獻特刊
文獻叢編
史料旬刊
清代外交史料　嘉慶朝　道光朝
清光緒朝中日交涉史料
影印道咸同三朝籌辦夷務始末
雍正不錄奏摺目錄
清代實錄總目
內閣大庫現存清代漢文黃冊目錄
交泰殿寶譜
昇平署岔曲
歷代功臣像
台灣風俗圖明信片
清太祖武皇帝實錄
多爾袞攝政日記　司道職名冊（合訂本）
康熙與羅馬使節關係文書
名教罪人
重整內閣大庫殘本書影
清內閣庫貯舊檔輯刊

總理各國事務衙門清檔目錄

神機營存銀目録

同治十年（一八七一）

欽命總理各國事務衙門清檔

神機營存銀

目錄

同治十年

欽命總理各國事務衙門清檔

神機營存銀

目錄

同治十年

五月十七日發神機營文一件

咨送銀箱三隻

計銀六千兩由

六月十七日發神機營文一件

咨取銀

箱由

六月二十七日收神機營文一件

咨覆所存箱
隻數目由

欽命總理各國事務衙門清檔

神機營存銀

目錄

同治十年

九月十五日發神機營文一件

咨送銀箱三隻由

欽命總理各國事務衙門清檔

神機營存銀

目錄

同治十年

十一月初五日發神機營文一件
咨送銀箱八隻由

十二月初六日發神機營文一件
咨送銀箱兩隻存儲由

十二月十五日發神機營文一件

咨送銀箱

三使由

二月二十四日行神機營文稱本衙門前存貴
營銀箱截至同治九年十一月二十七日共
一百零八隻計實存庫平銀二十五萬兩玆
又派馬弁達陞阿送去第二百零一號第二
百零二號第二百零三號第二百零四號銀
箱共四隻內各裝銀二千兩共庫平銀八千
兩連前共存銀箱一百一十二隻實存庫平
銀二十五萬八千兩相應咨明貴營查收存
儲仍於收到後即日咨覆本衙門備查可

也

計送銀箱四隻

五月十七日行神機營文稱本衙門前次貴營
銀箱截至同治十年二月二十四日止共一
百一十二隻計實存庫平銀二十五萬八千
兩茲又派馬升邢瑞送去第二百零五號第
二百零六號第二百零七號銀箱共三隻内
各裝銀二千兩共庫平銀六千兩連前共存
銀箱一百一十五隻實存庫平銀二十六萬
四千兩相應咨明貴營查收存儲仍於收到
後即日咨復本衙門備查可也

六月十七日行神機營文稱本衙門前存貴營
銀箱截至同治十年五月十七日止共實存
銀箱一百一十五支計庫平銀二十六萬四
千兩茲本衙門有應放款項派出馬弁趙義
和前赴貴營提取第二百零一號第二百零
二號第二百零三號第二百零四號第二百
零五號第二百零六號第二百零七號共銀
箱七支每支裝銀二千兩統共裝庫平銀一
萬四千兩即希貴營按號提取點交該弁如

數取回以備應用除現在提回七支不計外
尚存銀箱一百零八支計實存庫平銀二十
五萬兩仍佈貴營存儲可也

六月二十七日神機營文稱前准貴衙門咨稱
將本營所存貴衙門銀箱數目咨復等因前
來現在本營業經查明相應開具清单咨復
貴衙門查照可也須至咨者
照錄連单
計開現存銀箱數目
第一號至第十四號銀箱十四支
第十九號銀箱一支
第二十一號至第三十六號銀箱十六支

第六十七號六十八號銀箱二支
第七十號至七十九號銀箱十支
第九十一號至第一百十二號銀箱二十
二支
第一百十五號銀箱一支
第一百二十四號至一百三十二號銀箱
九支
第一百三十四號至第一百四十一號銀
箱八支

第一百五十號一百五十一號銀箱二支
第一百六十號至一百六十三號銀箱四支
第一百六十九號至第一百七十七號銀
箱九支
第一百八十七號至第一百九十號銀箱
四支
第一百九十五號至第二百號銀箱六支
以上共存原封銀箱一百八支

九月十五日行神機營文稱本衙門前存賞營
銀箱截至同治十年五月十七日止共實存
銀箱一百一十五隻計庫平銀二十六萬四
千兩嗣於六月十七日提回銀箱七隻計庫
平銀一萬四千兩尚實存銀箱一百零八隻
計庫平銀二十五萬兩茲又派馬升雷炳文
送去第二百零八號第二百零九號第二百
零十號銀箱三隻每隻裝銀二千兩共裝銀
六千兩連前共存銀箱一百十一隻實存庫

平銀二十五萬六千兩相應咨明貴營查收
存儲仍於收到後即日咨覆本衙門備查可
也

十一月初五日行神機營文稱本衙門前存貴
營銀箱截至同治十年九月十五日止共實
存銀箱一百十一隻計庫平銀二十五萬六
千兩茲本衙門有應放款項派出馬弁張福
前赴貴營提取第一百九十六號第一百九
十七號第一百九十八號第一百九十九號
第二百號第二百零八號第二百零九號第
二百十號共銀箱八隻每隻裝銀二千兩統共
裝庫平銀一萬六千兩即希貴營按號提取

點交該弁如數取回以備應用除現在提回

八隻不計外、尚存銀箱一百零三隻計實存

庫平銀二十四萬兩仍希貴營存儲可也

十二月初六日行神機營文稱本衙門前存貴
營銀箱截至同治十年九月十五日止共實
存銀箱一百十一隻計庫平銀二十五萬六
千兩嗣於十一月初五日提回八隻計庫平
銀一萬六千兩尚實存銀箱一百零三隻計
庫平銀二十四萬兩茲又派馬弁邢瑞送去
第二百十一號銀箱一隻內裝銀三千兩第
二百十二號銀箱一隻內裝銀二千兩連前
共存銀箱一百零五隻實存庫平銀二十四

萬五千兩相應咨明貴營查收存儲仍於收
到後即日咨復本衙門備查可也

十二月十五日行神機營文稱本衙門前存貴
營銀箱截至同治十年十二月初八日止共
實存銀箱一百零五隻計庫平銀二十四萬
五千兩茲又派馬弁送去第二百十三號箱
一隻内裝銀二千兩第二百十四號箱一隻
内裝銀二千兩第二百十五號箱一隻内裝
銀三千兩共箱三隻銀七千兩連前共存銀
箱一百零八隻實存庫平銀二十五萬二千
兩相應咨明貴營查收存儲仍於收到後

即日咨復本衙門備查可也

出使外洋目録

光緒元年至二十二年（一八七五至一八九六）

欽命總理各國事務衙門清檔

出使外洋

目錄

光緒元年

五月十四日本衙門遞片奏一件

保舉出使外洋共九員由

五月十四日發奏事處片一件

於本月十四日呈遞各摺片由

五月十八日發內閣文一件

本衙門具奏保舉使才一片抄錄原奏恭錄
諭旨資行查照由
五月十八日發宗人府文一件
同上
由
五月十八日發吏部文一件
同上
由
五月十八日發戶部文一件
同上
由
五月十八日發禮部文一件
同上
由

五月十八日發兵部文一件

同上

由

五月十八日發刑部文一件

同上

由

五月十八日發工部文一件

同上

由

五月十八日發翰林院文一件

同上

由

五月十八日發詹事府文一件

同上
由
五月十八日發通政司文一件
同上
由
五月十八日發都察院文一件
同上
由
五月十八日發理藩院文一件
同上
由
五月十八日發大理寺文一件
同上
由

五月十八日發太常寺文一件

同上

由

五月十八日發太僕寺文一件

同上

由

五月十八日發鴻臚寺文一件

同上

由

五月十八日發國子監文一件

同上

由

五月十八日發光祿寺文一件

同上
由
五月十八日發内務府文一件
同上
由
五月十八日發欽天監文一件
同上
由
五月十八日發太醫院文一件
同上
由
五月十八日發鑾儀院文一件
同上
由

五月十八日發步軍統領衙門文一件

同上

由

五月十八日發順天府劄一件

同上

由

五月十八日發船政大臣沈葆楨文一件

同上

由

五月十八日發南洋大臣劉坤一文一件

同上

由

五月十八日發北洋大臣李鴻章文一件

同上
由
五月二十三日發吏部文一件
洛行所有本衙門保舉使才一片內開各員
應由各處札行該員知悉由
五月二十三日發翰林院文一件
同上
由
五月二十三日發南洋大臣劉坤一文一件
同上
由
五月二十三日發北洋大臣李鴻章文一件
同上
由

五月二十七日收北洋通商大臣李鴻章文一件

咨復保舉使才陳蘭彬等係在外當差已札該員等知悉由

欽命總理各國事務衙門清檔

出使外洋

目錄

光緒元年

八月十五日收山東巡撫丁寶楨抄片一件

片奏保舉辦理中外交涉事件人才擬

請飭總理衙門存記遇事酌量奏請簡用

欽命總理各國事務衙門清檔

出使外洋

目錄

光緒元年

十月十七日發陝甘總督左宗棠信一件

函述現在保舉使才如有堪膺是選者望即舉以入告並望先期示復由

欽命總理各國事務衙門清檔

出使外洋

目錄

光緒二年

七月初二日收徐同善呈一件

呈請給假措資由

七月二十二日收福建委員張斯桂呈一件

開具所著各種書籍目錄

八月初四日收北洋通商大臣李鴻章信一件

函復許道改
派日本公使由

八月初四日收北洋通商大臣李鴻章信一件

函詢許道改派日本公使
是否充協由

八月十三日軍機處交出奉

上諭一道

前派出使英國許鈐身改充日本欽差
編修何如璋著以侍講升用加三品銜
充日本副使由

八月十四日日本衙門遞片奏一件

片奏出使日本請
派副使一員由

八月十五日給英 法 俄 美 德 奧
日日本國各公使照會各一件
許鈐身改派日本公使
何如璋為副使由
八月十五日發總税務司赫德劄一件
同上
由
八月十五日發南洋大臣 北洋大臣 吏部
翰林院 欽差日本副使何如璋文各一件
同上
由
八月十五日本衙門遞正摺一件

具奏通曉洋務人員張斯桂
等交吏部帶領　引見由

八月十五日本衙門遞片一件

片奏吳嘉善等
堪備器使由

八月十五日發南洋大臣　北洋大臣文各一件

張斯桂等堪備才使一片抄錄
原奏恭錄　諭旨知照由

八月十五日發吏部文一件

同上
由

八月十五日給候選同知張斯桂劄一件

同上
由

八月十五日發南洋大臣　北洋大臣　翰林

院　吏部文各一件

保舉使才一片抄錄原奏恭

錄　諭旨知照由

八月十六日英國公使威妥瑪照會一件

照復許鈐身改充日本欽差大臣

何如璋充出日本副使由

八月十八日收美國公使西華照會一件

照復許鈐身何如璋充出日本

正副使劉錫鴻充英國副使由

八月二十三日致徐道守公可信一件

即日來京有

面談事件由

八月二十三日收翰林院編修許景澄呈一件

呈請回籍

省親由

八月二十三日致欽差許鈐身信一件

亟復如無要事

即可來京由

九月十一日收候選同知張斯桂等稟一件

稟請給發咨文親

賫到部呈驗由

九月十二日發吏部文一件

咨行候選同知張斯桂請咨赴

部稟到由

九月十六日收吏部白片一件

傳候選同知張斯桂通判張斯栒二員
于十八日預備引　見由

九月十七日收吏片一件
傳同知張斯桂等
引　見今補印文由

九月十七收總稅務司赫德申呈一件
申復候補道許鈐身奉　上諭改充日本
正使並以翰林院編修何汝璋派充副使合
行遵
照由

九月二十一日收吏部文一件
知照候選同知張斯桂等已于十八日
引　見十九日述　旨等因由

九月二十四日發張斯桂札一件

札知淮吏部
來文遵照由
九月二十四日發張斯栒札一件
同上
由

欽命總理各國事務衙門清檔

出使外洋

目錄

光緒二年

十月初三日收美國公使西華信一件

函述許大臣來館晤談意欲本國駐紮日本國大臣照拂今已寫信希轉致由

十月初三日收張斯桂呈一件

呈為請假回籍由

十月十五日收出使大臣許鈐身何如璋文一件

咨報開用木質

關防日期由

十月二十五日收湖南巡撫翁同爵信一件

函復省垣人衆却無至葯翁住宅滋擾至上

林寺僧已經驅逐並無拆寺毀像情事由

十月二十七日收出使大臣呈一件

計開隨帶人員

等酌給薪水由

欽命總理各國事務衙門清檔

出使檔詳

目[illegible]

光緒三年

七月十二日收委員徐同善呈一件

呈請賞假措資由

七月十二日收委員徐同善信一件

稟請出京措資如 堂憲欲派差

使求傳諭長子麟光以便寄信由

七月十九日收許景澄呈一件

前告假省親今
到京銷假由

欽命總理各國事務衙門清檔

出使外洋

目錄

光緒五年

九月初五日收同文館譯新報一件

電報崇星使已到客來密阿地方俟畫後即回中國由

九月十九日收同文館譯新報一件

述崇宮保回中國留夏教習在公署常川襄助總將儀文館教習一缺開去另聘他人充補由

欽命總理各國事務衙門清檔

出使外洋

目錄

光緒十年

三月初二日收軍機處交片一件

周德潤條陳

出使事宜由

欽命總理各國事務衙門清檔

出使外洋

目錄

光緒十年

五月初一日發遞正摺一件

具奏議覆內閣學士周　奏嗣後出使人員請酌賞頂戴無庸先給升階由

五月初四日發軍機處文一件

咨行本衙門具奏議覆嗣後出使人員請酌賞頂戴無庸先給升階恭錄　諭旨抄錄

原奏知照由

五月初四日發吏部文一件

同上

由

五月初四日發南洋大臣左宗棠文一件

同上

由

五月初四日發北洋大臣李鴻章文一件

同上

由

五月初四日發出使大臣許景澄文一件

同上

由

五月十五日發出使大臣曾紀澤文一件

議復出使人員酌賞頂戴無庸先給升
階恭錄諭旨抄錄原奏知照由

五月十五日發出使大臣李鳳苞文一件
同上
由

五月十五日發出使大臣鄭藻如文一件
同上
由

五月十五日發出使大臣黎庶昌文一件
同上
由

欽命總理各國事務衙門清檔

出使外洋

目錄

光緒十年

十月初四日發北洋大臣李鴻章文一件

議覆徐承祖條陳恭錄

諭旨抄錄原奏知照由

十月初四日發南洋大臣曾國荃文一件

同上

由

十月初四日發吏部文一件

同上
由
十月初五日發出使大臣曾紀澤文一件
具奏議覆徐承祖條陳出使事宜一
摺恭錄 諭旨抄錄原奏知照由
十月初十日發出使大臣鄭藻如文一件
同上
由
十月初十日發出使大臣許景澄文一件
同上
由
十月二十四日發出使大臣徐承祖文一件
同上
由

欽命總理各國事務衙門清檔

出使外洋

目錄

光緒二十一年

正月初三日收軍機處交出王之春鈔摺一件

恭報放洋日期由

正月初三日收軍機處交出王之春鈔片一件

改調江蘇候補知州蔣金生出洋差委由

欽命總理各國事務衙門清檔

出使外洋

目錄

光緒二十一年

二月初八日發出使大臣王之春電一件

奉旨准給寶星由

二月初十日發出使大臣許電一件

奉旨俄主贈王之春寶星准其佩帶由

二月初十日發俄國繙譯柯理索福信一件

俄給王之春寶星奉旨
准其佩帶由

欽命總理各國事務衙門清檔

出使外洋

目錄

光緒二十一年

四月初八日收出使大臣王之春文一件
抄呈唁賀禮成日期摺稿由

四月初八日收出使大臣王之春信一件
請代遞唁賀禮成日期摺件

四月初八日收本衙門章京楊宜治致總辦信

一件

中俄交際情形事

四月十五日收軍機處交片一件

奉旨派王大臣借款由

四月十五日收出使大臣王之春抄片一件

請給俄國執事大臣寶星由

四月十八日收護湖廣總督 文一件

咨詢藩司王之春奉旨出使日期以便開支由

四月十八日收湖北巡撫譚繼洵文一件

咨詢藩司王之春奉
旨出使日期以便關支由

四月二十日發江海關道黃祖絡札一件
寄王大臣公文由

四月二十二日收吏部片文一件
片詢王之春出使日期由

四月二十二日發湖廣總督文一件
咨復藩司王之春出使俄國日期由

四月二十二日發湖北巡撫文一件
同上由

四月二十五日發吏部文一件

片復湖北布政使王之春於上年十月十五日
奉旨出使俄國已遵復鄂省督撫由

四月二十八日收户部文一件

咨詢出使王大臣
之春出使日期由

欽命總理各國事務衙門清檔

出使外洋

目錄

光緒二十一年

五月初一日收出使大臣伍廷芳文一件

換約事竣謹將約本呈

請代奏並繳關防由

五月初一日收　　聯　　文一件

同上

由

五月初一日發戶部片一件

湖北藩司王之春係於上年十
月十五日奉　旨出使俄國由

五月初九日發出使大臣許景澄文一件
繕寄王大臣　賞俄
員寶星搞造請轉給由

五月十一日發俄國公使喀希呢信一件
函復外部羅大臣供職
五十年函謝電賀由

五月十五日收出使大臣龔照瑗文一件
赴英法等國遞
國電日期由

五月十五日收出使大臣許景澄信一件
函論帕米爾界務並
繙譯同館當差由

欽命總理各國事務衙門清檔

出使外洋

目録

光緒二十一年

閏五月初十日發法國公使施阿蘭信一件

王星使道經西貢哭被槍傷

請電查覆核辦由

閏五月十六日收法國公使施阿蘭信一件

王之春並

無被槍由

欽命總理各國事務衙門清檔

出使外洋

目錄

光緒二十一年

六月十九日收出使大臣王之春信一件

以巴黎奉諭就商台事

六月十九日收出使大臣王之春信文一件

赴俄唁賀禮成後派員交來國書由

六月十九日收出使大臣王之春文一件

密奏等件專弁羅福齎
到時發給回頭收據由

欽命總理各國事務衙門清檔

出使外洋

目錄

光緒二十一年

七月初四日本衙門遞正摺一件

具奏呈進俄國國書國

禮並請頒給　國書由

欽命總理各國事務衙門清檔

出使外洋

目錄

光緒二十一年

欽命總理各國事務衙門清檔

出使外洋

目錄

光緒二十一年

九月初一日收軍機處交出王之春鈔摺一件

遵保出洋
隨員由

九月初十日收出使大臣王之春文一件

繳回關防並
希示覆由

九月初十日收吏部片一件

請將使臣王之春保奬隨
員原奏等件抄錄片覆由

九月十五日發吏部片一件

抄送出使王大臣保獎參隨
各員原奏及所奉諭旨由

九月十六日發出使大臣王之春文一件

收到關
防由

欽命總理各國事務衙門清檔

出使外洋

目錄

光緒二十一年

十月初五日收吏部片一件

出使俄國隨員獎案知照由

十月二十三日本衙門遞正摺一件

奏銷派往俄國專使收支經費由

十月二十三日本衙門遞奏片一件

片奏出洋專使應領整裝等項酌定限制由

十月二十三日本衙門遞奏片一件

片奏王大臣赴俄唁賀備送國禮開單請銷由

十月二十三日發戶部文一件

核銷出使經費又附奏核銷國禮清單一片由

十月二十三日發南洋大臣文一件

同上由

十月二十三日發北洋大臣文一件

同上由

十月二十三日發江海關道　札一件

同上
由

欽命總理各國事務衙門清檔

出使外洋

目錄

光緒二十一年

十一月十五日發出使大臣王之春文一件

咨出使俄國大臣王寄送國書由

十一月十五日發出使大臣王之春文一件

咨出使俄國大臣王寄送關防由

十一月十七日發出使大臣王之春文一件

奉
旨派王之春致賀
俄君加冕恭錄知照由

欽命總理各國事務衙門清檔

出使外洋

目錄

光緒二十一年

十二月十三日收出使大臣王之春信一件

請代遞摺片並請回郎堂所調員數不可稍減由

十二月十三日收出使大臣王之春呈一件

請遞摺件並抄稿知照由

十二月十三日收出使大臣王之春呈一件

擬調隨員並請
飭聯恩赴滬由
十二月十四日收出使大臣王之春電一件
擬請加
銜事
十二月十八日收兵部文一件
俄使王大臣酌保黃元福拱善祥二員
弁遵旨照准請轉行飭取履歷由
十二月二十日收出使大臣王之春鈔摺一件
出使俄國恭
摺謝恩由
十二月二十日收出使大臣王之春片一件
調員出
洋由

十二月二十二日收出使大臣王之春電一件

報起程並

乞撥銀事

十二月二十五日收出使大臣王之春電一件

暫緩起

行由

欽命總理各國事務衙門清檔

出使外洋

目錄

奉　旨王
之春正任事
正月初二日發俄國公使喀希呢照會一件
派李大臣赴俄致賀
奉　旨知照由
正月初三日收大學士李鴻章文一件
鈔錄謝　恩
摺稿知照由
正月初三日發出使大臣許景澄電一件
傅相使俄住站自某
寓前往加冕日期由
正月初三日發內閣片一件
大學士李奉　旨赴俄致賀加冕頒發
敕諭務於本月十五日以前送還由

正月初五日收內閣片一件
李中堂出使　敕書頒發
開印後再用　御寶由
正月初五日發大學士李鴻章文一件
本衙門附奏出洋專使應頒整裝歸裝銀兩
章程又申明出使人員保奬章程各恭錄
旨鈔奏知
照由
正月初五日發湖北巡撫文一件
查取王前大臣攜帶武弁
黄元善等詳細履歷由
正月初六日收內閣片一件
前送到　敕諭文底曾
否呈　覽希聲覆由

正月初六日收出使大臣許景澄電一件
覆俄廷不能概備館
舍並加冕正日事由
正月初七日發内閣片一件
片送續經奏請　頒發
敕諭稿照案辦理早日送還由
正月初七日發内閣片一件
片覆　敕諭擬底已由
軍機處恭　呈御覽由
正月十一日發大學士李鴻章文一件
咨送出使
關防由
正月十一日發大學士李鴻章文一件

道遞英法德美國書恭錄

硃批鈔奏並附各國書底由

正月十二日收大學士李鴻章文一件

收到關防開用日期並咨繳

前議約全權大臣關防由

正月十二日發大學士李鴻章文一件

咨送英德法美四國

敕書用寶咨送由

正月十四日收軍機處交出李鴻章抄摺一件

奏調隨

員由

正月十四日收軍機處交出李鴻章抄片一件

奏調洋

員由

正月十四日收軍機處交出李鴻章抄片一件
奏請
頒發
內庫禮物由
正月十四日收軍機處交出李鴻章抄片一件
開用出使關防並
繳全權關防由
正月十四日收大學士李鴻章文一件
具奏隨帶人員各摺
片錄
旨知照由
正月十四日收大學士李鴻章文一件
咨送試用知縣吳永
隨張
堂議商約由
正月十五日收出使大臣許景澄電一件

俄供給
李相事
正月十六日收總稅務司赫德呈一件
出使大臣李奏帶稅司柯樂德
等五員應如何辦理請示遵由
正月十六日發大學士李鴻章信一件
轉達十五日許
大臣來電由
正月十七日收大學士李鴻章信一件
請催董瀛赶辦
大帶等件由
正月十七日收內務府片一件
欽頒陳設各件定於十九
日送本署轉交李大臣由

正月十八日收內閣片一件
請於十九日午刻
領敕書由
正月十八日發大學士李鴻章文一件
欽頒陳設內務府於十九日
移送本衙門希屆期祗領由
正月十八日發內閣印領一件
派員領取李大臣出
使敕書二道由
正月十八日發大學士李鴻章文一件
咨送敕書
國書各一道由
正月十八日發大學士李鴻章文一件

咨送敕書一道國書四道由

正月十八日發大學士李鴻章信一件

送羅拔諾付禮物四色請代交由

正月十九日收大學士李鴻章文一件

祇領敕書等情由

正月十九日發大學士李鴻章信一件

函送俄王寶星帶由

正月十九日發總稅務司赫德劄一件

飭知洋員柯樂德等五人隨同出使大臣出洋差委由

正月二十一日發通永道張紹華信一件
頒發各國禮物希
派役照料送津由
正月二十五日收大學士李鴻章文一件
隨員薪資先在津關使費
提給仍由江海關劃撥由
二月十三日收大學士李鴻章電一件
報聞放洋
日期事
二月十三日發出使大臣許景澄電一件
羅拔禮物李相已帶
去用費存息撥事
二月十四日發大學士李鴻章電一件

元電閱悉並祝
福星一路事

二月十八日收大學士李鴻章信一件
報由滬起程並另
編密電新碼由

二月十八日收大學士李鴻章文一件
咨送出洋員弁
銜名清單由

二月二十三日收大學士李鴻章電一件
行抵西
貢事

二月二十五日收大學士李鴻章電一件
船抵新
嘉坡由

二月二十五日發大學士李鴻章電一件

到坡時坡督若仍設宴款待宜與酬應

三月初一日收大學士李鴻章電一件

行抵曬倫準事

三月初二日收北洋大臣王文韶電一件

復沁艷兩電並請示事

三月十一日收大學士李鴻章電一件

行抵波賽事

三月十七日收大學士李鴻章電一件

三月十七日發大學士李鴻章電一件
許使電專使次序
及論遞國書事
何日遞
書事
三月二十二日收大學士李鴻章電一件
現抵彼得堡定
期俄主接見事
三月二十三日收出使大臣許景澄電一件
李相未能
遞赴德事
三月二十三日收大學士李鴻章電一件
密件
事

三月二十四日收大學士李鴻章電一件
俄主接見呈遞
國書並收禮物日期事
三月二十四日發大學士李鴻章電一件
奉 旨安抵彼得堡瀰慰
廑系並隨時電聞籌商事
三月二十五日收出使大臣許景澄電一件
代奏羅拔叩
謝禮物事
三月二十九日收大學士李鴻章電一件
密陳俄主面屬
東省接路事
三月二十九日收大學士李鴻章電一件

與徽德議東
省接路事

欽命總理各國事務衙門清檔

出使外洋

目錄

抵斯科
並買船由

四月初六日收　洋文電信一件
李中堂方抵
墨斯哥由

四月十四日收出使大臣裕庚信一件
函述銀行及郵政章程並傳聞日本覲觀郵
政局附銀行條例郵政類聚各一本抄錄由

四月二十三日收出使大臣李鴻章電信一件
俄皇派員送
給寶星由

四月二十四日收出使大臣李鴻章電信一件
聲明公使領
事通例由

四月二十五日發出使大臣李鴻章電信一件
加稅宜先與俄商本日遵議御史條奏奉旨併籌覆由

四月二十七日收出使大臣李鴻章電信一件
進見俄君后由

四月二十九日收出使大臣李鴻章電信一件
復敬電事由

五月十三日收義館參贊威達雷信一件
李中堂抵羅馬有無確信由

五月十四日收義館參贊威達雷信一件

同上

由

五月十四日發義館參贊威達雷信一件

未接李中堂至

義國電信由

五月十五日收出使大臣李鴻章文一件

咨報呈遞俄國

國書日期抄單由

五月十五日收出使大臣李鴻章文一件

咨報呈遞俄國

欽頒禮物請代奏由

五月二十一日收總稅務司赫德信一件

出使李中堂奏調參贊赫政請知

會駐京英使電達英國外部由

五月二十四日發英國公使竇納樂照會一件

李中堂奏派稅司赫政暫
充參贊希轉達外部由

五月二十四日發總稅務司赫德信一件

李中堂奏調赫政為參贊已
照英公使轉電英外部由

五月二十六日收英國公使竇納樂照會一件

詢李中堂此次赴英係議論公事抑係僅止
聘問並是否派為頭等大臣請迅即示復以
便轉電
本國由

五月二十九日發英國公使竇納樂照會一件

照復李中堂係欽派頭等大
臣並遞國書復商議稅課由

五月三十日收英國公使竇納樂照會一件
李中堂隨帶赫政暫充
參贊已電本國外部由
六月初二日收全權大臣張蔭桓文一件
咨送具奏刪改日本商約
一片抄錄片稿並清單由
六月初三日收同文館譯新報一件
俄商接待李
傅相情形由
六月初八日收軍機處交出張蔭桓抄片一件
遵議日本商約分別
開單呈覽由
六月二十日收出使大臣李鴻章文一件

德君致謝禮物
請附片代奏由

六月二十日收出使大臣李鴻章文一件

呈遞德君　國書
並照譯頌詞由

欽命總理各國事務衙門清檔

出使外洋

目錄

光緒二十二年

具奏核銷前出使大臣李鴻章等
隨帶洋員科士達薪酬銀兩由
七月十二日發美國公使田貝照會一件
照會美國田使李中堂係頭
等公使賫遞國書由
七月十六日收美國公使田貝照會一件
准李中堂電本月
十四日到美由
七月二十五日收出使大臣李鴻章文一件
華俄接造鐵路俄委員帶同工役由東海濱
往黑龍江吉林一帶測量給發護照並請由
署咨該省
查照由
七月二十五日收出使大臣李鴻章文一件

本署咨交　欽頒俄德英四國陳設擇
其七色九件點交法外部開單知照由
八月十六日收出使大臣李鴻章文一件
欽頒俄德法英四國物件英國係六
月二十六日轉呈請代奏由
八月十六日收出使大臣李鴻章文一件
呈遞英國
國書日期由
九月初一日本衙門奏片一件
大學士李鴻章賚送
欽頒各國禮物由
九月初一日發內務府文一件
准大學士李鴻章咨報
欽頒禮物已分別致送由

九月初一日收出使大臣李鴻章信一件
鎊價收稅一事
問答詳細由
九月十九日收出使大臣李鴻章文一件
咨送出使經費
報銷清冊由
九月二十二日收出使大臣李鴻章文一件
本年七月二十一日謁見
美國總統恭遞國書由
九月二十四日收出使大臣李鴻章文一件
繙譯官塔克什
納回京銷差由
九月二十五日收出使大臣李鴻章文一件

具奏酌保隨員一摺並繳關防保使才
獎洋醫員厘正寶星等片抄稿知照由
九月二十五日發出使大臣龔照瑗電一件
李傅相奉使游歷各國應分別道
謝希照辦並轉致許慶楊使由
九月二十七日收軍機處交出李鴻章抄片一
件
咨送頭等出使大臣
篆文木質關防由
九月二十八日收吏部文一件
侍郎張奏保舉人才
一摺奉
諭旨由

籌議海防經費目録

光緒元年至六年（一八七五至一八八〇）

欽命總理各國事務衙清清檔

籌議海防經費

目　錄

光緒元年

六月十四日收戶部文一件

具奏會議籌辦海防事宜撥撥餉需一摺抄錄原奏恭錄

諭旨知照由

欽命總理各國事務衙門清檔

籌議海防經費

目錄

光緒元年

八月初四日收福州將軍文煜文一件

咨報籌辦海防應撥四成洋稅按結撥解由

八月十四日收戶部文一件

咨據湖廣總督具奏江海關奉撥海防經費一摺奉到

諭旨抄錄原奏知照由

欽命總理各國事務衙門清檔

籌議海防經費

目錄

光緒元年

十月初一日收江西巡撫劉秉璋抄片一件

片奏戶部會議籌辦海防事宜指撥餉需

一摺擬於江西釐金項下每年酌撥由

十月初十日收戶部文一件

江西巡撫奏奉撥海防經費由江西釐金項

下滙解北洋海防大臣報收附片抄錄原片

恭錄

諭旨知照由

十一月初六日收劉秉璋抄片一件
片奏會議籌辦海防事宜指撥餉需於江
西厘金項下酌提分解南北洋經費由
十一月十九日收戶部文一件
咨報江西巡撫奏撥海防經費銀兩一
摺抄錄原奏知照由
十一月二十四日收閩浙總督李鶴年文一件
咨海防經費由閩省厘
金內指撥由
十一月二十四日收閩浙總督李鶴年文一件
咨由厘局分解南北洋海防銀兩擬由江西
欠閩協餉內抵撥以免貽誤由
十二月初九日收浙江巡撫楊昌濬文一件

咨報具奏第六十結期內第二三個月四成
洋稅解充北洋海防經費一片抄錄奏底咨
呈
由

十二月十一日收戶部文一件
咨報浙海關第六十結期內應扣四成
銀兩滙解北洋大臣海防收用由

十二月十一日收戶部文一件
咨報浙省釐金項下奉撥海防經費第一
批銀兩抄錄原奏恭錄
諭旨知照由

十二月十六日收戶部文一件
咨呈閩省奉撥南洋經費
以江西欠閩協餉抵算由

十二月十六日收戶部文一件

知照閩省請將定購鐵甲船撥赴北洋作抵
閩省應解經費一節已咨北洋酌辦並咨閩
省將船值專
案報部由

收發室馮芳緝

校對股李華

欽命總理各國事務衙門清檔

籌議海防經費

目錄

光緒三年

正月初八日軍機處交出翁同爵抄片一件

湖北省應解海防經費茲將五個月銀兩分批轉解北洋兑收由

正月二十一日軍機處劉秉璋抄片一件

續解北洋海防經費

交新泰厚滙解由

正月二十四日收戶部文一件

湖北撫奏觧北洋海防經費
一片抄錄原奏恭錄
諭旨知照由

正月二十八日收湖廣總督翁同爵文一件
奏撥海防經費抄
錄奏稿知照由

正月二十八日收浙江巡撫楊昌濬文一件
浙海關四成洋稅觧部以抵閩省
觧餉奉到
諭旨由

正月三十日收戶部文一件
江西撫奏奉撥北洋海
防經費一片恭錄

諭旨抄錄原奏知照由

二月初二日收戶部文一件

具奏湖廣總督奏湖北協撥西征海防各餉爲數過鉅飭令該督照舊勉力籌撥均不得減成報觧以期無誤抄錄原奏知照由

二月初四日收總税務司赫德申呈一件

添購砲船藥彈應用銀兩數目請飭各關遵照辦理並望示復由

二月初十日給總税務司赫德劄一件

劄行請撥藥彈銀兩應在北洋海防經費項下撥給由

二月初十日發戶部文一件

總稅司請撥藥彈銀兩應在
北洋海防經費項下撥給由

二月初十日發北洋大臣李鴻章文一件
同上
由

二月十六日收戶部文一件
奏催指提西征新餉
請飭依限解交由

二月十六日收戶部文一件
奏催粵海等關應行觧部之一半四成洋
稅銀兩遵照奏案陸續批解由

二月十九日收北洋大臣李鴻章文一件
購辦砲船四隻所需價銀應由總稅司所指
各海關於海防經費項下籌撥等情由

二月二十三日收戶部文一件

湖北奉撥光緒二年上半年海防經費
銀兩業已如數解清由

二月二十八日收浙江巡撫楊昌濬文一件

片奏浙海六十三結洋稅銀兩
解交北洋經費恭錄
諭旨知照由

二月二十九日收兩廣總督劉坤一文一件

粤潮兩關六十五結應解海防一半銀
兩發商解赴北洋由

三月初五日軍機處交出沈葆楨抄摺一件

具奏籌防經費不敷動支各款請
將二成洋稅再行截留一年由

三月初七日收北洋大臣李鴻章文一件
江海關六十五結應解一半海防銀兩現
交號商協成永滙交天津支應局由

三月初七日收戶部文一件
南洋大臣奏籌防經費不敷請暫撥二成
洋稅一年奉
諭旨該衙門議奏俟本部擬妥奏稿再行會畫
由

三月初八日收戶部文一件
北洋大臣收到各省關解銀兩數目
已飛咨該大臣將收支各款分晰報部由

三月初九日收戶部片一件
南洋奏籌防經費請再撥二成
洋稅一摺擬妥奏稿再會由

三月初九日收戶部文一件

江蘇巡撫提鮮江海關六十四結作抵閩
省應鮮京餉銀兩本部如數收訖由

三月初十日收戶部文一件
片送議復江督請撥二成
洋稅會稿一件由

三月十九日收戶部片一件
會議兩江總督奏籌防經費再撥
二成洋稅一摺定於二十五具奏由

三月二十七日收北洋大臣李鴻章文一件
咨送光緒元年七月起截至二年底止
收支海防經費銀數清摺由

三月二十七日收戶部文一件
遵議再撥二成洋稅一摺恭錄
諭旨抄錄原奏知照由

三月二十八日收江蘇巡撫吴元炳文一件

江海關六十五結應辭海

防經費發商滙兑由

采訪官馮芳緝

校對官李　華

欽命總理各國事務衙門清檔

海防經費

目錄

光緒三年

四月初六日收戶部文一件

咨報江海關第六十四結匯

解北洋海防經費銀數由

四月初十日收衛榮光片一件

片奏浙海關第六十四結期

內提解海防銀數日期由

四月十六日收衛榮光抄片一件

片奏委解第七次
海防經費由

四月十六日收衛榮光抄片一件

片奏北洋大臣購辦砲子葯彈所需價銀浙
海關應撥之五千兩已由海防四成洋税項
下動支先交税
務司照收由

四月二十二日收戶部文一件

咨報九江關應解光緒二年分
撥抵閩省京餉照數收訖由

四月二十二日收戶部文一件

咨報粵海關第六十五結應解海防經費内
以銀一半速解部庫歸還西征餉銀等情由

四月二十二日收戶部文一件

附奏粤海關洋葯正税項下撥解海防經費
各款一片抄録原奏恭録
諭旨知照由

四月二十六日收户部文一件

咨據浙撫奏奉撥海防經費厘金不敷於粮
道庫籌撥該厘金收有成數撥還一片抄原
摺知
照由

四月二十六日收户部文一件

咨據浙撫奏提解四成洋税海防經費彙解
北洋抄録原摺恭録
諭旨知照由

四月二十七日收兩廣總督文一件

咨報上年閏五月征收第六十四結洋稅項
下動支海防及京餉各項銀兩数目由
五月初二日收劉秉璋抄片一件
片奏籌撥海防經費銀
兩發交匯解北洋由
五月十五日收兩廣總督文一件
咨報具奏廣東庫款支絀請將奉撥海防經
費先期籌解抄録原奏知照由
五月十九日收戶部文一件
咨報江西撫奏動撥釐金交商匯
解北洋兑收抄録原奏恭録
諭旨知照由
五月二十四日收丁日昌抄摺一件

奏請將議撥台灣辦理輪路之南洋經
費先行購辦鉄甲船等因奉
旨着該衙門議奏由
五月二十五日收何璟等抄摺一件
奏籌備海防餉項請分别截留
緩解各等因奉
旨該衙門議奏由
五月二十五日收何璟抄片一件
奏截留京餉各款擬
請酌量分撥由
五月二十八日收戶部文一件
報粤海関補解六十四結四成洋税劃撥海
防經費銀兩發交號商滙解北洋由

五月二十八日收戶部文一件
報浙海關第六十五結二成洋稅應解
海防銀兩交商滙解北洋由
五月二十九日收戶部文一件
閩浙總督奏籌備海防餉項摺片奉到
諭旨知照由
六月初二日收戶部片一件
片送會議兩廣督奏請將粵省奉撥海防經
費免其籌解俟劃商後並開堂銜送部由
六月初二日收戶部片一件
片查閩浙總督何奏議借海防餉項摺內移
緩就急核借台灣月餉各等語如有原案祈
抄送
由

六月初六日發戶部片一件

片送會奏兩廣總督劉奏粵省請將
奉撥海防經費免解摺稿由

六月十二日收戶部文一件

知照會議兩廣總督劉坤一等奏粵省庫項
支絀請將奉撥海防經費免其籌解一摺定
於本月十七日具奏堂銜有
無注寫先期片復過部由

六月十五日發戶部片一件

片復十七日會奏廣督劉免解海防經
費一摺堂銜無注寫由

六月十九日收戶部文一件

會議兩廣總督劉等奏請將粵省奉撥海防
經費免其籌解一摺恭錄

諭旨抄録原奏知照由

老三下五9

161

欽命總理各國事務衙門清檔

籌議海防經費

目錄

光緒三年

七月初二日收戶部文一件

咨據江西奏撥海防經費於厘金項下放銀四萬兩匯解北洋一片抄錄原奏恭錄

諭旨知照由

七月初二日收戶部文一件

咨據粵海關光緒二年第六十六結稅銀開支滙費較多令核實報銷由

七月初六日收北洋大臣李鴻章文一件
赫總税司奉購砲船四隻添購葯彈
等因現將所開清单抄錄呈閱由

七月十一日收戶部片一件
知照會議閩浙籌備海防餉項一摺
定本月十四日具奏堂銜有無注寫由

七月十六日收戶部文一件
會議閩浙總督籌備海防經費
一摺恭錄諭旨抄錄原奏知照由

七月十九日收梅啟照抄片一件
具奏會議籌撥海防經費第八
次委員解赴北洋大臣兌收由

七月二十一日收兩廣總督劉坤一文件

谷報粵海潮州等關第六十六結應解北洋海防經費銀兩發商滙解由

七月二十七日收戶部文一件

谷報山海關呈解六十二結至六十五結四成洋稅銀兩以抵閩省京餉委員赴部投納由

八月初五日收戶部文一件

谷報浙撫梅啟照奏浙江第八次籌解北洋海防經費銀兩一片恭錄諭旨抄錄原奏知照由

八月初五日收戶部文一件

谷據江西撫劉秉璋奏江西奉撥海防經費交商滙解北洋一片恭錄諭旨抄錄原奏

知照
由

八月二十七日收李鴻章抄片一件

片奏海防經費請免抽撥
仍行催各省關照解由

八月二十九日收閩浙總督何璟文一件

咨報籌解台灣輪路移緩就急一節閩海關
應撥各項扣至六十八結屆滿時再行核數
解交福藩司衙門
兌收轉撥台灣由

九月初三日收李鴻章抄片一件

片奏湖北省應解北洋海防經費在
釐金項下動撥銀兩委員解赴由

九月十五日收湖廣總督李瀚章文一件

咨報片奏奉撥海防經費在厘金項下
動支解交揚州糧台兑解抄奏知照由

九月二十三日收北洋大臣李鴻章文一件

咨報具奏駐洋肄業幼童經費不敷請
於海防項下匀撥接濟抄録原奏知照由

九月二十五日收戶部文一件

咨報海防經費關係甚大現又飛咨各省關
恪遵奏案按數批解仍令將已解未解開單
報部
由

承修官馮芳緝

校對官

欽命總理各國事務衙門清檔

籌議海防經費

目錄

光緒三年

十月初二日收劉秉璋抄片一件

片奏分解北洋海防並福建台灣各經費發交號商投納由

十月初四日收戶部文一件

咨據湖廣總督片奏湖北省奉撥海防經費在於厘金項下動撥銀兩轉解北洋兌收恭錄諭旨知照由

十月初四日收戶部文一件

咨據浙江巡撫片奏浙省奉撥海防經費在於釐金各庫項下籌撥銀兩委解北洋兌收恭錄

諭旨抄錄原奏知照由

十月初六日收梅啟照抄片一件

片奏浙海關提解直隸海防六十五六七結四成洋稅銀兩已發商匯兌由

十一月初一日收閩海關監督何璟呈一件

咨報福廈二口第六十八結征收四成洋稅銀兩分撥海防及庫項由

十一月初六日收戶部文一件

咨據浙江巡撫奏浙海關提解海防四成洋稅銀兩滙解投納一片抄錄原奏恭錄

諭旨知照
由

十一月初六日收戶部文一件
報湖北撥解光緒二年下半年海防經費銀兩
並咨北洋大臣將收到各關銀數半年一次
開單報
部由

十一月初六日收戶部文一件
報江西巡撫奏厘金項下動撥北洋福建海
防經費銀兩一片抄錄原奏恭錄
諭旨
知照
由

十一月二十三日收署福州將軍何璟文一件
咨報閩海福廈二口第六十八結征收招商
税項內應解北洋海防經費銀兩滙解起程

日期
由

十一月二十三日收署福州將軍何璟文一件
咨報閩海關福廈二口第六十八結四成洋
稅內應解北洋海防經費銀兩滙解起程日
期由

十二月初二日收梅啟照抄片一件
片奏浙海關第六十五六七三結四成洋稅
項下應解閩省京餉照案滙兑納部由

十二月初二日收梅啟照抄片一件
片奏厘捐局第十次
解款赴北洋兑收由

十二月初四日收劉秉璋抄摺一件

具奏庫款支絀請將改解台灣海防經費仍
解南洋大臣抵作現撥江蘇新餉由

十二月初四日收劉秉璋抄片一件

片奏籌解台灣及
北洋海防經費由

十二月初五日收戶部文一件

咨據粵海關監督稱應撥海防經費項下
提解購買藥彈銀兩現交裴稅司轉寄由

十二月十四日收戶部文一件

知照江西巡撫奏應解台灣海防經費請撥
為江蘇新餉其於台灣有無窒碍之處抄錄原
奏咨行核
議聲復由

十二月十七日收戶部文一件

咨報海防經費專案飛咨各處依限批解並
咨北洋大臣即將三年上半年收到銀兩照
章開单
報部由

十二月十七日收北洋大臣李鴻章文一件

咨報總稅司購辦砲船價銀粵海關於北
洋經費項下撥二萬兩交裴稅司轉寄由

十二月十八日收户部文一件

咨報浙江巡撫片奏籌撥厘局正雜項下銀
兩撥解北洋海防恭錄
諭旨知照由

十二月十八日收户部文一件

咨報江西巡撫奏解台防經費在厘金項下
挪六萬兩以三萬兩交閩省以三萬解北洋
恭錄
諭旨知照由

十二月十九日發戶部文一件

片復江西巡撫劉奏請將台防經費抵

撥江蘇新餉有無窒礙無從懸揣由

良晧

參餘長史官沈詠彤

王寬

積攀。官文先

欽命總理各國事務衙門清檔

籌議海防經費

目錄

光緒六年

七月初三日發戶部文一件

片送會議借撥四成洋稅會稿由

七月初四日軍機處交出譚鍾麟抄片一件

報解北洋海防經費由

七月初七日收江蘇巡撫譚鈞培文一件

咨報江海關第七十八結應解海防
經費及解部歸還西餉發商滙兑由

七月初十日收户部文一件

李鴻章奏催北洋海防經費
一摺恭錄　諭旨知照由

七月十二日收户部文一件

江西巡撫奏奉撥海防經費分別抵解
一片抄錄原奏恭錄　諭旨知照由

七月十六日收福州將軍穆圖善文一件

閩海關第七十八結四成洋税不敷撥解南
北洋海防經費至招商局輪船税項另案分
解
由

七月二十三日收户部文一件

咨據浙江巡撫具奏浙海關第七十七結四成洋税發商滙解海防經費一片抄錄原奏恭錄諭旨知照由

七月二十九日收户部文一件

浙撫奏分次撥解海防經費一片令將動用銀數分部查核抄錄原奏恭錄諭旨知照由

七月三十日軍機處交出李文敏抄片一件

籌解南北洋經費分別滙寄由

七月三十日收户部文一件

知照咨行廣州將軍等嚴飭善後局核銷添練兵丁月需經費由

七月三十日收北洋大臣李鴻章文一件
津海關撥解滬
關練餉銀數由
八月初七日收南洋大臣劉坤一文一件
咨報金陵軍需局撥
到海防經費銀數由
八月十九日收户部文一件
咨呈粵海關奏催應解南洋經費交滙
解抄錄原奏恭錄
諭旨知照由
八月二十一日收户部文一件
咨報山海關籌解海防經費於七十八九兩
結勻撥以抵閩省京餉本部如數收訖由
八月二十五日收户部文一件

籌辦各省荒政案目録

光緒三年至七年（一八七七至一八八一）

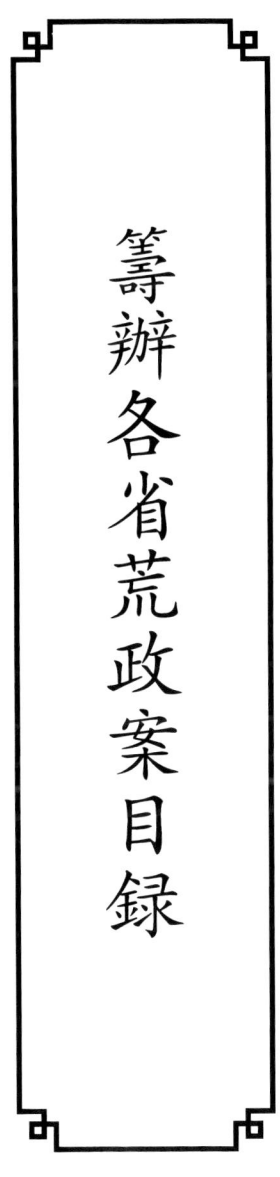

總理衙門清檔

籌辦各省荒政案

光緒三年七月五日收上諭一件

洗馬溫忠翰奏山西連年亢旱請撥海
防經費銀三十萬賑恤飢民等因著李
鴻章酌量借撥咨照曾國荃派員領
解俟山西庫款稍裕再行撥還

七月五日收軍機處交出溫忠翰抄片一件

山西連年亢旱請撥海防
經費銀三十萬賑恤飢民

七月十日收戶部文一件

溫忠翰奏撥海防經費接濟晉省災賑
已一片已抄錄原奏恭錄諭旨飛咨直隸

山西

附錄原片

附奏山西連年亢旱請撥海防經費三十萬賑恤飢民

七月二十三日收軍机處交諭旨一件

御史張觀準具奏各省災荒請籌撥巨款以濟時艱一摺面奉諭旨速議具奏

抄奏錄旨知照

附錄張觀準抄摺

具奏各省災荒請旨籌撥巨款以濟時艱

七月二十四日收戶部片一件

片稱建議張觀準一摺應由總理衙門主
稿會同本部辦理

七月二十五日收戶部文一件

知照張觀準請停工賑濟一摺
如奏稿擬妥即希送部

七月二十五日發戶部文一件

咨送議復張觀準請停机器撥
餉賑濟一摺應無庸會稿

七月二十六日發戶部片一件

片行會奏摺定於八月初一日
具奏希即齊堂銜開送

七月二十八日收戶部片一件

片送會議張觀準
請撥巨款奏稿

八月一日發正奏摺一件

會張觀準請停工

辦賑應無庸議

八月五日發戶部片一件

片行會奏議復張觀準停工放賑一摺

恭錄諭旨抄錄原奏知照

八月十日收北洋大臣文一件

咨報遵旨酌量借撥晋省賑濟

晋省一摺抄錄原奏知照

附錄原奏

遵旨酌量借撥

晋省賑濟

八月十一日收上諭一道

直督李遵旨酌撥晉省
賑款着照所議迅撥

八月十五日收北洋大臣文一件

咨报具奏遵旨酌量借撥晉
省賑款一摺恭錄諭旨知照

八月二十六日收寄諭一件

山西河南賑務令該督撫等妥
速辦理海防經費仍照數劃解

八月二十七日收李鴻章抄摺一件

遵旨籌撥
晉省賑款

八月二十七日收戶部文一件

奏籌撥晉豫
二省賑款

附錄原奏

議覆侍郎夏同善奏晉豫二省
被災最重請加賑卹等因

八月三十日收戶部文一件

直督奏遵旨提撥晉豫賑欵飭撥江浙
典商生息制錢如不足數即於練餉項
下提補以
應急需

九月二十八日收直隸總督文一件

咨抄招商局朱道等稟稱議於京師設
立平糶局及請飭派員分局辦理擬就
規條咨
行查照

附錄清摺

草擬京師設立
平糶局条規清摺

十一月十六日收李慶翱摺抄一件

具奏豫省災荒日重擬請
酌借洋款以維時局

十一月二十四日發户部片一件

片送議覆河南巡
撫李慶翱會奏稿

十一月二十五日收户部一件

前任豫撫李奏請酌借洋款二百萬奉
旨該衙議奏應由總理衙門主稿

十一月二十七日收刑部片文一件

片送區田圖說請用
活字例印封遞河南

十二月一日收戶部片文一件

片送會議河南巡撫奏借洋款

一摺會稿并開列堂銜

十二月九日發河南巡撫幫辦賑務文一件

咨送區

田圖說

十二月九日發刑部片文一件

片復區田圖說已如數印寄

河南撫將稿分款本送閱

十二月十一日發正摺一件

會戶部議復李慶翱借

洋款辦賑碍难核准

十二月十八日發戶部河南巡撫文一件

会議李慶翶議借洋款以資賑務
碍難核准一摺恭錄諭旨知照

十二月二十九日收戶部文一件

議復兩江總督奏運赴災區米糧請照
舊完釐全數解充災賑一摺恭錄諭旨
知照

附錄原奏

議復兩江總督奏運赴災區米糧請照
舊完釐全數解充災賑等因

同治（光緒）四年正月二十四日收河南巡撫文一件

咨復收到區田編
本飭屬劝解辦

二月二十一日收福建巡撫信一件

函述晋豫荒旱在籍倡捐及李爵
相函請挪借助賑各情形

二月二十三日收北洋大臣文一件

咨报海防經費項下奉撥晋
豫賑欵銀兩已全數發訖

二月二十四日收丁日昌抄片一件

片奏林維源捐助餉需息俟繳
清破格獎敘並投咨賑務

二月二十八日收户部文一件

奏撥晋豫銀米著李鴻章
等運解等因恭錄上諭知照

二月二十九日收户部文一件

咨报具奏遵旨撥賑欵援案辦理
一摺恭錄諭旨抄錄原奏知奏照

附錄原奏

具奏遵旨撥賑款援案辦理由

二月二十九日收南洋大臣文一件

咨呈具奏原撥海防經費仍按分解南洋一摺恭錄諭旨知照

三月四日收上諭一件

據給事中李宏謨奏晉豫兩省飢民待賑用款難籌請撥機器局十分之五辦賑等語著李鴻章吳元炳還入黃体芳前奏妥籌速議

三月八日收兩廣總督文一件

咨報具奏撥解山西河南等省賑款銀數目期一摺抄稿咨呈

三月十三日收戶部文一件

知照前奉上諭國子監司業寶廷敘陳救荒四条等因所有購買洋米節一應咨南北洋大臣嚴禁需索暫與免抽釐等因

附錄粘单

國子監司業寶廷条陳救荒由

三月十九日收戶部文一件

咨報奉旨發給福建巡撫貢監等照以備獎勵捐賑

三月二十二日收上諭一件

沈葆楨奏海防經費移緩就急一摺除江西外各關咨提五成解河南山西賑濟

三月二十八日發北洋大臣文信一件

函述日本国民人欲凑銀助賑

抄錄問答節畧寄閱由

三月二十九日收北洋大臣文一件

咨报英国捐助晋省銀两委

員管解赴晋起程日期由

附錄英国領事信一件

寄送賑銀何日起

運需用車輛若干

附錄英國佛領事來信

函復寄送賑銀車輛

俟会商後再行函達

附錄又信

山西賑銀一萬五千兩布派員解晉

附錄致英國佛領事信

寄晉賑銀布文本署道派員代解

同治（光緒）四年四月六日收福建巡撫文一件

咨報附奏香港英國總督捐賑銀兩抄片知照

附錄原片

附奏香港英國總督捐銀賑兩

四月六日收福建巡撫信一件

函述因病奏請開缺及現辦捐賑各情

四月七日收上諭
丁日昌奏劝賑集有成效應行奬敘之
處著令同李鴻章斟酌辦理由

四月七日收軍机處交出丁日昌抄摺一件
具奏潮州香港並南洋各埠
捐有成數分別起解由

四月七日收軍机處交出丁日昌抄片一件
片奏潮州及南洋捐戶一律
給予新章奬敘由

四月七日收又抄片一件
片奏香港英國總督捐賑
應否致謝已函達總署由

四月十五日收御史歐陽雲抄摺一件

具奏災難頻仍請飭撙節
經費急求挽救各等因由

四月十五日收又抄片一件

出使外洋大臣各懷猜忌請飭速
回節省經費以濟艱窘由

四月十五日收軍機處交片一件

奏片交御史歐陽雲挽救災難及節
經費摺片恭錄諭旨知傳照知由

九

四月十五日收戶部文一件

咨報北洋大臣奏北洋經費難再分撥
勸鄰賑一摺抄奏錄旨知照由

四月二十二日收北洋通商大臣文一件

函述森使鄭永寧到津
晤談該國商民賑欵由

四月二十五日收 上諭

瞿鴻禨奏阻止洋人賑荒及
收買难婦著各督撫禁止由

四月二十八日收北洋通商大臣文一件

咨報日本國助賑米石收存
天津郡粥廠發放由

四月二十八日收户部文一件

咨報亇撫奏劝辦潮州香
港等處賑務抄錄知照由

附錄原奏

具報劝辦劝捐業
已集有巨款由

附錄原片

附奏劝辦潮州香
港賑捐情形由

四月二十八日收户部文一件

咨报福建巡撫奏英国香港總督
捐賑一摺恭録諭旨知照由

附録原片

附奏英国香港
總督捐賑由

五月八日收北洋大臣文一件

咨报日本竹商人函送銅錢一千吊即
接照各粥廠大小口数散放清摺咨呈由

附録清摺

日本竹商人捐助銅
錢分送各粥廠清单

五月十八日收吏部文一件

知照李鴻章片奏道歐司副使夏捐賑

一片抄錄原奏恭錄諭旨知照由

五月十八日收北洋大臣文一件

咨報英国宝代領事函稱現有賑欵九

千兩懇為轉交山西散放委員盤解由

五月十八日收軍机處文出李鴻章抄摺

台灣紳士原捐鉄路經費遵將已借之

欵酌核分借豫晋濟賑由

五月十八日又抄片一件

附奏各国捐助銀米酌量酬答

並查拏轉販流民婦女由

五月二十日收北洋大臣文一件

仝上
由
附錄原奏
具奏各司捐助銀米酌量獎
咨并查拏轉販流民婦女由
五月二十六日收吏部文一件 片
知照李鴻章具奏通政司副使夏捐助
晋賑賞加二品頂戴一片鈔錄原奏恭
錄諭旨
知照由
五月二十七日收北洋大臣文一件
咨報日本竹添進一郎送來鷹洋易錢
撥河間飢民全數并藥五百包分送各
粥廠
由

五月二十七日收戶部文一件

咨據彭祖賢奏籌備河間災民籽種款項一摺應即遵旨撥抄摺錄旨知照由

附原錄原奏

具奏籌備河間災民籽種款項由

六月三日收北洋大臣文一件

咨報西商等前赴河間各屬放賑情形由

六月三日收戶部文一件

咨報閩省奏台紳林維源等捐款分撥一片由

六月四日收軍機處交出李鴻章摺抄一件

片奏函謝暹羅國王等捐集
賑欵并與劉捐賑出力委員由

六月五日收北洋大臣文一件
咨報河間府屬二十里堡地方有英人
在彼散錢現在飭屬妥為彈壓由

六月五日發正摺一件
御史歐陽雲奏灾唯頻仍急求撫救并
節出使各摺片查明具奏由

六月六日收北洋大臣文一件
咨報具奏暹羅國王倡率臣庶華
商捐賑及功捐委員出力片稿由

六月八日發南洋大臣文一件
咨查具奏御史歐陽雲奏灾唯頻仍并
節出使經費等因一摺抄奏錄旨知照

六月八日發北洋大臣
閩浙總督
福州將軍
福建巡撫文一件

同上

由

六月八日發出使英國大臣
出使日美秘魯國大臣
出使德國大臣
出使日本國大臣文一件

同上

由

六月九日收北洋大臣文一件

咨報德稅司捐現由外洋寄來賑款五千兩擬派教士攜帶河間賑濟請派員護送

由

六月十日收北洋大臣文一件

咨報日本助賑用餘洋圓解交吳編修酌給河間地方飢民由

六月十日收又文一件

咨报前会同福建巡抚附奏暹罗国王昌

率捐集赈款一片蒙録谕旨知照由

六月十三日收軍机處交出涂宗瀛抄摺一

具奏密查英国羅利亨等携銀

款赴豫助賑情形由

六月十五日收北洋大臣文一件

咨报英国送到賑銀

数目一并交晋兑收

六月十九日收又文一件

咨报鲜赴山西捐款助賑銀两起程

助賑日期

六月二十日收户部文一件

咨報直隸李督奏台灣紳士原捐賑款路經費道將已解未解之款酌核分借晉豫濟賑一摺恭錄
諭旨知照由

六月二十日收又文一件

咨報直督奏前撫臣丁派員勸辦暹羅国米石銀兩助賑并出力委員請旨奬一片恭錄諭
旨知照由

六月二十二日收户部文一件

咨報北洋大臣等奏洋米未能合算現無須購運一摺抄奏錄旨知照由

七月八日收北洋大臣文一件

咨報德税司璀馬郡辦送到規平銀八千兩當易錢交盛道帶往河間散放由

七月十八日收又文一件

咨據英國佛領事稱奉國寄到賑款仍
派佈教士攜往河南散放由

七月二十三日收湖廣總督李瀚章抄片一件

片奏分撥轉解
直隸賑款由

七月二十八日收粵海關監督呈一件

呈報南洋海防經費項下第七十結期
內應撥豫省辦賑銀兩現已滙兑撥納由

七月二十八日收又呈一件

應提晉省賑
款滙兑由

八月九日收前福建巡撫丁日昌信一件

勸辦賑款陸續滙解事竣奨勵胡璇澤
為新加嘉坡領事助虐捐輕并各国助賑
領事等自請賑
濟一概阻止由

八月二十二日收北洋大臣文一件
咨报遵旨嘉奨巫来由国王捐助賑款
并將匾額送交新嘉坡領事轉寄辦理

八月二十七日收户部文一件
知照湖廣總督具奏湖北厘金項下撥
直隸災民賑濟一片錄旨抄奏知照由

八月二十七日收又文一件
知照浙江巡撫具奏浙省厘金項下分
解晋豫二省一片錄旨抄奏知照由

十月七日收粵海関監督呈一件

呈報四成洋稅項下、提撥籌墊豫
省籽種銀兩由

十月七日收又呈一件

呈報分撥南洋海防經費、項下
提解晉省籽種銀兩由

十月七日又呈一件

據報分撥南洋海防經項
下提解豫省籽種銀兩由

十月七日收戶部文一件

具奏遵旨撥款，撥撥案辦理一
摺恭錄諭旨錄鈔原奏由

附錄原奏

具奏遵旨撥
款撥案辦理

十月十日收戶部文一件
咨據福州將軍奏閩海關應解南洋海
防經費內提撥銀兩匯解豫省賑需一片
抄奏錄旨
知照由

附錄原片

附奏閩海關應解南洋海防經
費內提撥銀兩匯解豫省由

十月十日收戶部文一件
咨據福州將軍咨稱福廈等口四成洋
稅應解南洋海防經費分濟晉豫賑款
銀錢不敷已向另
商挪借應用由

十月十七日收又文一件

浙省厘金撥南北洋海防經費內分解
晉豫直隸賑款一片交抄到部恭錄諭
旨抄錄原[illegible]
[illegible]奏知照由

附錄附片

附奏浙省厘金奏撥南北洋海防經
費內分解晉豫直隸賑款由

十一月二十日收北洋大臣文一件

咨據津海關道准英領事先後函送
寄晉賑銀已派員搭解赴晉文結納由

十一月二十二日收粵海關監督呈一件

呈報粵潮兩關七十一結應解北洋四
成税銀分撥賑款等因由

十一月二十三日發英國公使信一件

十一月二十三日發（和）日本（法）國公使信一件

函謝助賑由

同上由

十一月二十四日收日本公使信一件

函復謝賑一函已抄錄咨送本國由

十一月二十五日收法國公使信一件

函復助賑一事何勞掛齒由

同治（光緒）五年二月二十三日發附片一件

片奏遵旨致謝各國捐賑由

二月二十七日發北洋大臣福建巡撫文一件

咨行先奏遵旨致謝各国捐賑恭錄諭旨抄錄原奏知照由

三月四日收北洋大臣文一件

准津海關道文稱接英領事函開有寄晋賑銀滙票并信函等件已交晋賑局搭解赴晋由

三月十日收又文一件

咨據英国領事稱現有賑捐銀兩祈帶晋省交教士散放現已解交由

三月二十八收户部文一件

咨報行令南北洋大臣山西河南各巡撫報銷收支提鮮辦賑日數銀日期由

閏三月六日收又文一件
咨報撤復浙海關壽埜晉
省散放籽種銀兩由

閏三月二十五日收又文一件
咨報湖廣總督奏湖北漕糧續辦片並
撥濟晉賑摺稿由

五月二日收又文一件
知照光緒四年六月至九月粵潮兩關
分撥晉豫賑欵未照開支定章報部由

五月十五日收軍机處交出
丁日昌抄摺一件
具奏南洋華商捐賑請
領匾額以資觀感由

六月十三日收山海關道續昌呈一件

申報牟文因辦理賑濟
蒙保二品頂戴由

六月十五日收戶部文一件

知照議復山西巡撫具奏晉省賑捐事
宜請將佐佐貳□實官及翎支展捐半
年一摺抄奏
錄旨知照由

附錄原奏

議復山西巡撫具奏晉省賑捐事宜
請將佐貳□實官及翎支展捐半年
等因
由

七月二十八日收戶部片文一件

咨報浙閩關欠解河間籽種銀兩現據
直督咨令在該關六成洋税項下找給由

八月四日收粵海關監督呈一件

呈報粵潮兩關於四成洋税項下撥解
南洋海防經費項下提解豫省賑款完
竣
由

八月四日收又呈一件

呈報粵潮兩關四成洋税項下分撥南
洋海防經費提解晋省賑款已解完竣由

八月六日收户部文一件

詳查浙江巡撫奏報浙海關提解前項
籽種與此次銀數不符由

九月二十六日收又文一件

咨報直督奏直境被淹民情困苦請撥
湖北新漕米石提前赶運一摺錄旨抄

奏知

照由

附錄原奏

具奏直境被淹民情困苦請撥湖北

新漕米石提赶運由

十一月十五日收戶部文一件

少卿劉錫鴻捐賑請奬并移奬

各節均屬相符開单知照由

附錄清册

劉錫鴻捐賑請奬

由

附錄清册

劉之高捀捐

賑請奬由

附錄清册

劉淡志捐
賑請獎由

附錄清册

劉銘玉捐
賑請獎由

光緒
同治六年十月十五日收軍机處文出左宗棠抄摺一件
具奏胡光墉因賑務被議
恳恩開復降調處分由

光緒七年二月九日收戶部文一件
咨報湖廣總督具奏光緒五年漕粮續
辦折價撥粮價運費一摺抄奏錄旨知
照
由

三月二十四日收又文一件

奏奉旨酌撥本届

漕米分災區由

保舉人才目録

光緒三年至二十七年（一八七七至一九〇一）

欽命總理各國事務衙門清檔

保舉人才

目錄

光緒三年

七月十三日收南洋大臣沈葆楨文一件

具奏酌保講求條約人員一

摺抄錄摺稿咨呈查照由

七月十六日軍機處交出沈葆楨抄摺一件

具奏酌保講求條約人員

開單仰懇存記由

八月十一日收南洋大臣沈葆楨文一件

知照具奏講求條約人員請
旨錄用一摺恭錄咨行由

欽命總理各國事務衙門清檔

保舉人才

目錄

光緒四年

四月十四日收吏部文一件

查存記關道鄭藻

如保舉原案由

四月十八日發吏部片一件

覆鄭藻如記名關道

本署並未有案由

四月二十三日發吏部片一件

片行鄭藻如原案
已於十八日聲復由

欽命總理各國事務衙門清檔

保舉人才

目錄

光緒六年

六月初六日軍機處交出李鴻章抄片一件

片奏候選道馬建忠隨辦洋務歷著勞績請奬勵由

六月初八日收北洋大臣李鴻章文一件

咨送片奏候選道馬建忠出洋肄業學成酌給優奬並備出使之用一片知照由

六月初十日收北洋大臣李鴻章文一件

奏獎出洋肄業候選道馬建忠
一片恭錄　諭旨知照由

欽命總理各國事務衙門清檔

保舉人才

目錄

光緒六年

十月二十四日收軍機處交出李鴻章鈔摺一件

奏保堪勝關道及出使人員由

十月二十四日節錄馮譽驥李鴻章摺共一件

保奏出使人員由

欽命總理各國事務衙門清檔

保舉人才

目錄

光緒八年

七月二十二日收軍機處交出洪鈞抄片一件

片奏保荐建昌府訓導晏聯奎洞明算法堪以錄用由

七月二十九日收禮部文一件

咨報江西學政洪鈞片奏訓導晏聯奎經學算學地球砲法奉旨来京察看等情由

九月十一日收吏部文一件

知照江西學政洪保奏訓導晏聯
奎奉
旨由本衙門查看由

欽命總理各國事務衙門清檔

保舉人才

目錄

光緒八年

十二月十四日收吏部文一件

知照十一月二十八日奉

上諭飭中外各衙門保荐人才由

欽命總理各國事務衙門清檔

保舉人材

目錄

光緒九年

六月初八日收江西巡撫潘霨文一件

咨送瀘溪縣訓導晏聯奎赴總

署查看茲造具履歷清冊由

欽命總理各國事務衙門清檔

保舉人材

目錄

光緒九年

九月初一日發遞奏片一件

片奏察看訓導晏聯奎等情由

九月初四日發吏部文一件

咨行瀘谿縣訓導晏聯奎奉

旨以知縣在任選用由

九月初四日發江西巡撫文一件

同上

由

九月初四日發江西學政　　文一件

同上

由

欽命總理各國事務衙門清檔

保舉人才

目錄

光緒十年

閏五月初三日收吏部文一件

恭錄五月十七二十三二十六等日三道諭旨知照由

六月初一日收吏部文一件

知照左宗棠奏遵保人才一摺恭錄奉到諭旨由

欽命總理各國事務衙門清檔

保舉人才

目錄

光緒十年

八月十九日奉

上諭一道

光緒十年閏五月十七日奉上諭吳廷

芬奏保薦人才一摺崔國因交軍機處存記

由

八月十九日收吳廷芬抄單一件

崔國因可備出
使外洋之選由
八月二十日奉
上諭一道
閏五月十九日　　　諭左宗棠奏遵旨保薦
人才一摺四川候補道劉麒祥著吏部帶領
引見欽
此由
九月十六日收吏部文一件
知照温紹棠處分嗣後保薦人才應由
本部查核恭錄　　　諭旨通行由
九月十九日收吏部文一件
具奏酌議保薦奏調各員應令隨摺聲明履
歷分別造冊咨部給照一摺恭錄

諭旨鈔録原奏
知照由

欽命總理各國事務衙門清檔

保舉人才

目錄

光緒十年

十月初五日收吏部文一件

保薦人才應遵

旨詳細查明履歷等因恭錄

諭旨知照由

十月十五日收北洋大臣李鴻章文一件

咨給二品銜花翎候選道馬

建忠赴部聽候帶領引見由

十一月初二日收出使英俄國大臣曾紀澤電
報一件
保舉使
才由
十一月十二日收北洋大臣李鴻章文一件
咨報候選道馬建
忠回津日期由
十二月初九日軍機處交出
上諭一道
鴻臚寺卿鄧
保薦人才由
十二月初九日收軍機交出鄧堂鈔摺一件

保薦出使
人才由

欽命總理各國事務衙門清檔

保舉人才

目錄

光緒十一年

八月初七日收吏部文一件

知照高釗中保奬生

員盧靖明算學由

欽命總理各國事務衙門清檔

保舉人才

目錄

光緒十一年

十一月十三日收吏部文一件

知照候補通判蔡鈞交

本衙門差遣委用由

欽命總理各國事務衙門清檔

保舉人才

目錄

光緒十二年

八月十六日發吏部文一件

咨查歷保使才人員

希查明履歷聲覆由

八月二十八日收吏部片文一件

咨覆保舉使才

各員履歷由

八月三十日收吏部片文一件

片霞編修吴嘉善
等籍貫履歷由

欽命總理各國事務衙門清檔

保舉人才

目錄

光緒十二年

十二月初十日收軍機處交片一件

諭旨一道交總理衙門傳知翰林院六部迅查有無保薦出洋人員限三個月咨復由

十二月十五日發吏部文一件

保薦出洋人員由

十二月十五日發戸部文一件

同上

由

十二月十五日發禮部文一件

同上

由

十二月十五日發兵部文一件

同上

由

十二月十五日發刑部文一件

同上

由

十二月十五日發工部文一件

同工由

十二月十五日發翰林院文一件

同工由

欽命總理各國事務衙門清檔

保舉出洋人才

目錄

光緒十三年

二月初七日收禮部文一件

咨復本部並無堪膺

保薦出洋人才由

十二月二十四日收工部片文一件

前保使才區諤

良起服知照由

欽命總理各國事務衙門清檔

保舉人才

目錄

光緒十五年

正月三十日收候補道黃遵憲禀一件

禀呈履歷

由

欽命總理各國事務衙門清檔

保舉人才

目錄

光緒十六年

五月二十九日收軍機處交出太僕寺卿張

抄片一件

道員李經方徐壽

朋堪備任使由

欽命總理各國事務衙門清檔

保舉人才

目錄

光緒十六年

七月二十四日發遞奏片一件

片奏淮河南巡撫等咨送候補同知董毓琦請旨錄用由

七月二十七日發吏部文一件

咨稱董毓琦奉旨交部帶領引見抄錄原奏恭錄諭旨知照由

欽命總理各國事務衙門清檔

保舉人才

目録

光緒十七年

四月初三日收軍機處交出沈秉成抄摺一件

密保得力道員

堪備任使由

欽命總理各國事務衙門清檔

保舉人才

目錄

光緒十七年

十一月十一日收軍機處交出李鴻章抄片一件

補用道李必昌請以海關道員簡放由

欽命總理各國事務衙門清檔

保舉人才

目錄

光緒十八年

三月二十二日收兩廣總督李瀚章文一件

奏保候選道防城縣知縣陸維祺請

量加擢用一片抄送片稿並履歷由

欽命總理各國事務衙門清檔

保舉人才

目錄

光緒十八年

五月初七日收軍機處交出福潤抄片一件

候選同知劉鶚

奏請考驗由

五月十九日收軍機處交片一件

李鴻章奏

保使才由

五月十九日收吏部文一件

一東撫奏候選同知劉鶚請交總署考驗
一摺恭錄硃批抄錄原奏知照由

閏六月十三日收山東巡撫福潤文一件

候選同知劉鶚保請考驗
奉到硃批知照由

閏六月十三日收山東巡撫福潤文一件

劉鶚保摺抄稿咨呈
並送所著書六本由

欽命總理各國事務衙門清檔

保舉人才

目錄

光緒十八年

八月二十二日收山東巡撫福潤文一件

咨送候選同知劉鶚赴署考驗由

九月初四日收户部主事劉奉璋印結一件

呈送候選同知劉鶚履歷官照由

九月初八日發吏部文一件

查明劉鶚捐
案見覆由
九月初八日發户部文一件
同上
由
九月初九日收軍機處交出劉坤一抄摺一件
奏保劉麒祥曾丙熙請以
海關道記名簡放由
九月十五日收吏部文一件
片覆劉鶚捐
案相符由
九月十五日收户部片一件
同上
由

欽命總理各國事務衙門清檔
保舉人才
目錄
光緒十八年
十月十六日本衙門遞片一件
片奏考驗候選同知劉鶚應否交部帶領引見由
十月十六日發吏部文一件
片奏考驗候選同知劉鶚旨抄稿知照由錄

欽命總理各國事務衙門清檔

保舉人才

目錄

光緒十九年

六月十二日收軍機處交片一件

劉坤一奏江蘇候補道蔡鈞可備出使之選抄錄原奏知照由

欽命總理各國事務衙門清檔

保舉使才

目錄

光緒二十年

四月十八日收出使大臣薛福成文一件

具奏保薦使才一摺坿保道員堪任使事一片鈔稿咨呈由

四月三十日收軍機處交出薛福成鈔摺一件

保荐使才由

四月三十日收軍機處交出薛福成鈔片一件

同上
由

欽命總理各國事務衙門清檔

保薦人材

目錄

光緒二十一年

閏五月二十日收吏部文一件

知照保薦人

材諭旨由

欽命總理各國事務衙門清檔

保薦使才

目錄

光緒二十一年

六月二十二日收署南洋大臣張之洞文一件

遵旨咨送湖南道員

陳允熙赴部引見由

欽命總理各國事務衙門清檔

保荐人才

目錄

光緒二十一年

八月初八日發吏部片一件

片覆劉麒祥送部引

見奉

旨日期由

欽命總理各國事務衙門清檔

保薦人才

目錄

光緒二十一年

十月初三日收軍機處文片一件

李秉衡保薦之奉天舉人劉春烺著總署行咨李秉衡調取來京由

十月初十日發山東巡撫李秉衡文一件

遵旨飭傳舉人劉春烺迅速來京由

欽命總理各國事務衙門清檔

保舉使才

目錄

光緒二十二年

九月十六日收北洋大臣王文韶文一件

黃遵憲給咨進京由

九月二十七日收南洋大臣劉坤一文一件

保薦黃遵憲由

欽命總理各國事務衙門清檔
保舉使才
目錄
光緒二十四年
五月二十四日收軍機處交片一件
内外臣工遵保使才奉
旨存記各員開單知照由
六月初二日收軍機處交片一件
仝上
由
六月初九日收軍機處交片一件

遵保使才續經存
記開單知照由
七月初三日收軍機處交出奎俊抄片一件
遵保使才奉
旨存記開單知照由
七月初四日收軍機處交出奎俊抄片一件
同上
由
七月二十九日收軍機處交出張之洞抄片一件
同上
由
八月二十日收軍機處交片一件

同上
由
八月二十四日收南洋大臣劉坤一文一件
具奏遵保使才一摺
錄　旨知照由
九月初八日收軍機處交片一件
奉　旨山東督粮道桂春武定
府尚其亨均著以使才存記由
九月十六日收山西巡撫胡聘之文一件
奏保使才恭錄
硃批抄奏知照由
九月二十九日收山西巡撫胡聘之文一件
遵飭保荐使才
許玨赴京由

十月初一日收山西巡撫胡聘之文一件

咨送候選道許玨來

京預備　召見由

十月初二日發軍機處片一件

晉撫保薦候選道

許玨業經到京由

欽命總理各國事務衙門清檔

保舉人才

目錄

光緒二十四年

八月十三日收南洋大臣劉坤一文一件

奏保已革道員向萬鑅送部引見一摺錄稿知照由

八月二十一日收南洋大臣劉坤一文一件

咨送已革道員向萬鑅履歷清摺由

九月初一日收兩廣總督譚鍾麟信一件

盧秉政到京
請代奏由
九月初一日收兩廣總督譚鍾麟文一件
咨送盧秉政稟
到條　旨由
九月初七日收護廣州將軍興　文一件
保薦領催門定鼇頗諳醫
理飭令到京候　旨由

欽命總理各國事務衙門清檔

保薦人才

目錄

光緒二十五年

五月十四日收北洋大臣裕祿文一件

游擊曹嘉祥赴京報到由

五月十六日收南洋大臣劉坤一文一件

附奏沈道敦和才堪任使交軍機處存記一片抄稿咨照由

六月初三日收軍機處交片一件

軍機大臣面奉　諭旨江蘇候補知府劉
慶汾著發往四川交奎俊差遣委用欽此傳
知欽
遵由

六月初五日發吏部文一件
同上
由

六月初五日發四川總督　文一件
咨四川總督奉　旨劉慶汾
著發往四川差遣委用欽遵由

六月初五日發江蘇候補知府劉慶汾札一件
同上
由

欽命總理各國事務衙門清檔

保舉人才

目錄

光緒二十五年

十月初七日收兩廣總督譚鍾麟文一件

咨送與南海縣生員

區金鐸赴考試由

欽命總理各國事務衙門清檔

保舉人才

目錄

光緒二十六年

同上

由

二月初三日發州判區金鐸札一件

同上

由

三月十一日收軍機處片一件

江蘇候補道錢德培經江督

奏保使才錄　旨知照由

三月十八日收吏部文一件

知照廣東南海縣生員區金鐸奉

旨以州判發往北洋委用欽遵辦理由

欽命總理各國事務衙門清檔

保薦人才

目錄

光緒二十七年

六月初六日收　行在吏部文一件

出使大臣楊儒保薦人才鈔錄　上諭希轉行知照由

六月二十五日行出使大臣楊　儒文一件

奏保人材奉

旨知照由

十月初九日收出使大臣楊　儒文一件

奏保道員胡惟德等已遵　旨分咨送部
引　見查內有江蘇道員歐陽述繕片時
漏敘省分補造履
歷請咨部更正由

十月十二日發吏部文一件
出使楊大臣奏保人才恭奉　諭旨
又歐陽述履歷錯誤等因鈔錄知照由